Contents

Writing

Listening Comprehension

Interpreting and Oral Tasks

DOSSIERS

TASKS

Contents by Theme and Skill

Acknowledgements

Thanks are due to everyone who helped in the search for material or who commented on parts of the manuscript:

Arq. Ricardo Arata Guillén,	A & P Desarrollos, Caracas
Arq. Ana María Pérez	
Andrés Arata	d'Onofrio SA, Lima
Eduardo Arroya Talavera	Abogado asesor de Organismos Públicos
Hubert Boelens	Phillips Mexicana SA
Ben Box	South American Handbook
Alfredo Guillén	Revista Caretas, Lima
Silvana Hodgkiss	Peruvian Embassy, London
Manuel Fernández-Gasalla	Ealing College of Higher Education
Nicolás Sola	Ealing College of Higher Education
Pilar Llosa	Inversiones Javier Pont, Caracas
Isabel Madrazo	Banco de Bilbao
Ricardo Palmás	Efe News Agency
Pat Semple, Noel Treacy	Canning House, London
Christopher Stevenson	ELF UK Ltd
Peter and Rosario Velarde	English Centre, Granollers, Catalunya
Michael Wooller	Lloyds Bank PLC

Thanks are also due to staff at the Centre for International Briefing.

The authors and publishers wish to express their gratitude to the following for giving permission to reproduce illustrative material:

Hutchinson Library, pages 37, 128; Fotostock, pages 39, 71; J. Allan Cash Ltd, page 40.

The authors and publishers would also like to thank Levi Strauss and Co. for their kind permission to reproduce their trademark.

Every effort has been made to contact copyright holders for material used in this book. However, in one or two cases this has not been possible; the publishers would be pleased to hear from anyone claiming copyright for such material, and to make necessary arrangements.

Introduction

Spanish at Work was devised as a logical progression from the functions based approach of *Working With Spanish*, levels 1 and 2 although it can be used as a free-standing course for any students with an intermediate knowledge of the language. It concentrates on the acquisition of specialised skills ranging from rapid reading to interpreting and tends towards a situational approach to strengthen the students' command of the oral and written forms of the language. It reinforces what has already been learnt and trains students to respond to sources which are specialised in nature but which require no technical expertise. Some have a business orientation towards marketing, personnel work or foreign investment, while others concern particular commodities or industries. A significant amount of the book concentrates on themes of topical interest such as energy resources, the environment or consumer protection. Emphasis throughout is on using authentic material realistically and encouraging the student to respond and to become involved in situations ranging from problems encountered on holiday to a crisis at work. Initially emphasis is on achieving understanding and communication. The depth of the response and the accuracy of the language used may be intensified as the students gain experience, depending on their particular needs or the requirements of their course syllabus. To ensure this, material may be selected from different sections and built up on a modular basis. The **Contents by theme and skill** (see page v) will assist in selecting the right sources and type of exercise. The book falls into three main sections:

The **first part** practises specific skills using texts from a wide range of sources such as the Press, in-house reports and company publications for visual-based exercises. The cassette provides an extensive range of recordings based on radio programmes, street interviews, special events and even a police phone-tap! This material has been selected to illustrate essential points of technique; each item is fairly brief and could be completed within a class time of 45 to 60 minutes (excluding preparation).

The **Dossiers** present students with a further range of exercises which are based on comparable material but exploited in a more realistic fashion. Reports have to be prepared, data collected, items translated, notes taken of speeches. The student is given a chance to gain practice in handling source material which is of a more specialised nature or related to working with the language, for example, during a visit abroad or on an overseas posting.

Some **Tasks** are introduced here but these are mainly concentrated in the final section. They place students firmly in a working context either in Britain, Spain or Latin America, and require them to carry out pieces of work as company staff, freelance linguists or simply travellers, i.e. people who need to use their knowledge of the language as part of daily routine. Unlike standard business games these tasks are designed to present students with a range of situations which call on language skills, although judgement and initiative are required as well as a sense of diplomacy.

Material was collected over a number of years from sources in Britain, Spain, the USA and Latin America. Tasks and situations are either based on events which have actually happened or which people used to working in a Latin context would consider to be within the realms of possibility. It should be stated quite clearly that no attempt has been made to present real people, firms or places in a negative light. Any apparent similarity would be purely coincidental. The Republic of Santa Margarita does not appear on large-scale maps but it may be found between 32° 29′ N and 53° 10′ S of longitude and 81° 18′ W to 34° 53′ W of latitude; it is undoubtedly familiar to many travellers.

READING COMPREHENSION

Refer to Head Office _____

You have just arrived in the Republic of Santa Margarita where your company has a subsidiary in the city of Santa Ximena. You are the new personnel officer and before your first meeting you want to check whether there are any constraints on decision-making at local level.

1 Your secretary hands you this document. For quick reference jot down the items which should be checked with Head Office.
2 You see on your agenda that a Dutch member of staff has a grievance over part of his contract. The chairman asks you whether you need to refer the matter on. Do you? What will you say at the meeting?
3 What exactly is meant by 'discretion' in this context?

Grado de referencia para compañías operadoras en ciertas áreas de personal

Area	Grado de Referencia
CONTRATOS COLECTIVOS	
1 Cambios en los términos de los contratos existentes y/o nuevos	Consulta
2 Aplicación a personal no cubierto por Contrato Colectivo:	
a Expatriados	Consulta
b Nómina local	Discreción
3 Interpretación	Discreción
RECLUTAMIENTO	
Contratación de Personal	
1 Nómina expatriado	Consulta
2 Nómina local:	
a Grupo Gerencial	Consulta
b Otros	Discreción

TERMINACION DE SERVICIO (Toda Razón)

1	Nómina expatriado	Consulta
2	Grupo Gerencial individual	Consulta
3	Otros	Discreción

INDEMNIZACIONES (Por Término de Servicio)

1	Derechos legales	Discreción
2	Por encima del mínimo legal:	
	a Bajo arreglos existentes	Discreción
	b Otros	Consulta

DEFINICIONES

Se usan estos términos (consulta, discreción) de la siguiente manera:

Consulta: Indica que se consulta, ya sea el principio o en casos específicos sobre un asunto en particular, con la Casa Matriz. En estos casos se pretende que las compañías de operaciones:

a)   Presenten el problema según lo perciben.

b)   Señalen las soluciones alternas o líneas de acción a seguir.

c)   Recomienden la alternativa preferida junto con las razones para escogerla.

En algunos casos la Casa Matriz no pretende que se consulte sobre cada situación, p. ej. en áreas tales como Contratos Colectivos. El término CONSULTA deberá interpretarse como que se consulte sobre las políticas a ser adoptadas en esa materia y no las decisiones diarias que deberán tomarse en el momento aunque dentro del esquema de la política convenida con la Casa Matriz.

Discreción: Indica que la Casa Matriz no pretende que se le consulte sobre estos asuntos. Sin embargo vale mencionar dos puntos:

a)   En el ejercicio de la discreción las compañías de operaciones deberán guiarse por las políticas y procedimientos vigentes del grupo, los cuales se encuentran en los manuales, boletines, etc.

b)   El hecho de que las compañías de operaciones usen su propia discreción de ningún modo afectará el que pidan ayuda o asesoría a la Casa Matriz sobre cualquier tema, siempre que lo consideren necesario.

(Empresa Nenhuma, Santa Margarita)

Documentation ─────────

This checklist gives the procedures for particular commercial transactions. Read through and answer the questions.

Documentación comercial básica

Factura comercial: No hay forma especial prescrita; generalmente se exige original y un mínimo de tres copias. La Aduana en el país de importación normalmente requiere por lo menos el número y la descripción detallada de los bienes; su origen, cantidad, peso (bruto y neto) y valor y también el valor c.i.f. debidamente desglosado.
5 Todos los pesos y medidas deben corresponder al sistema métrico.
  Las facturas deben contener asimismo: nombre del destinatario; marcas y números de cada paquete; forma de pago, especificando si es sobre el valor f.o.b. o c.i.f.; nombre del barco, cuando procede, y número y fecha de la licencia de importación. El original (firmado) y las tres copias adicionales de la factura comercial se deben enviar de acuerdo
10 con las instrucciones del importador. Las facturas sobre piezas y accesorios para aviones se sujetan a requisitos especiales.

Certificado de origen: No es un documento generalmente requerido pero puede llegar a solicitarlo el importador o un banco. En tal caso se empleará la forma general impresa que venden las papelerías comerciales; la fecha de ésta deberá coincidir
15 con la de otros documentos; además requiere la rúbrica de un miembro responsable de la firma exportadora y estar certificada por una cámara de comercio. (La cámara exigirá a su vez una copia notariada adicional para su archivo particular.)

Conocimiento de embarque: Los cargos por fletes se deben dar separadamente; el número de la licencia de importación y el de la carta de crédito también se deberá
20 anotar; los pesos y otras medidas se especificarán en unidades métricas.

Lista de empaque: Cuando se trata de cargamentos que consisten en distintas mercancías no detalladas en la factura, las autoridades aduaneras generalmente exigen, en el puerto de entrada, la presentación de una lista de empaque. En cualquier caso la lista facilita el despacho aduanero de las mercancías.

25 *Certificados de seguro:* Los normalmente emitidos por las compañías aseguradoras en el comercio internacional de mercancías.

Factura pro-forma: Puede ser pedida por el importador para respaldar la solicitud de licencia o como primer paso para negociar el contrato de importación.

Legalización de documentos: Cuando se solicita, los funcionarios del
30 Consulado más cercano al exportador legalizarán el certificado de origen y la factura comercial mediante un pequeño pago por cada documento.

Certificados especiales 1) Todas las plantas y sus productos que se exportan por vía marítima (excepto frutas y vegetales) deberán acompañarse de un certificado

oficial que declare que están libres de enfermedades e insectos dañinos; 2) la ropa
35 usada requiere certificado de limpieza firmado por un doctor en medicina y titulado del
país de origen; 3) también habrá menester un certificado de limpieza en el caso de
utilizar paja u otras sustancias orgánicas como forro o empaquetaje.

(Comercio Exterior vol. 31 núm. 9)

1   Commercial documents

a)   What items should a commercial invoice list?

b)   Are there any problems getting aircraft parts through Customs?

c)   How many copies of documents are required?

d)   Should you normally prepare a certificate of origin?

e)   Should weights be in pounds or kilograms?

f)   Sometimes goods need to be legally certified. What is the procedure?

g)   Which items require a special certificate?

The Republic of Santa Margarita has strict immigration controls. Everyone needs
some kind of visa which may be obtained from consulates anywhere.

Migración: la República de Santa Margarita

Si es extranjero podrá internarse en el país como INMIGRANTE o como NO INMIGRANTE.
Inmigrante es el extranjero que se interna legalmente en Santa Margarita con el
propósito de radicarse. No Inmigrante es el extranjero que con permiso del Ministerio
del Interior se interna en el país en forma temporal, mediante la presentación del
5 formulario de migración que acredita su estancia en el país y que puede ser:

TURISTA (Formulario O.P.T.)   Con una temporalidad limitada de 45 días.

VISITANTE (Formulario O.P.V.)   Para un plazo de seis meses prorrogables
una sola vez por igual período y con autorización para ejercer actividades lícitas.

TRANSMIGRANTE (Formulario O.P.T.M.)   Es el extranjero en tránsito
10 hacia otro país y que podrá permanecer en territorio sanmargarino hasta 15 días.

ESTUDIANTE (Formulario O.P.E.)   Con prórrogas anuales y con autorización
para permanecer en el país sólo el tiempo que duren sus estudios y el que sea necesario
para obtener la documentación escolar final.

También puede internarse, en casos especiales, como consejero de administración
15 de empresas, visitante local (cuando llegue a la ciudad fronteriza de El Paso Escondido
por sólo tres días) o visitante provisional.

(Ministerio del Interior, Rep. de Sta Margarita)

2   Immigration procedures

a)   List the different categories of *No Inmigrante* in order of length of stay permitted.

b)   What special cases are allowed for?

3   Which visa do I need?

Ring the Consulate and explain the situation:

a)   Your parents have just retired and would like to spend a couple of months next winter in the famous resort of San Ferián.

b)   You have to visit a factory in the industrial centre of Vista Alegre to advise on production difficulties. You expect to be there a week.

c)   You have married a Sanmargarino citizen.

4   Frontier disputes

You are travelling back home from Australia overland across South America and enter Santa Margarita through the border town of El Paso Escondido. You are planning to go straight through as you are running short of funds and only expect to spend about a week visiting the main tourist attractions – the Siquiera murals in the capital (Ciudad Central), the salt mines at Pica Dura de la Sal and the famous pre-Columbian ruins at Macho Poncho.

The Official at the border informs you of a new regulation that all visitors must have at least $500 on entry to prove that they can support themselves during their stay. You only have $450 left. Sort something out!

5   Expenses

You are working for an international company based in Santa Ximena and have spent a week travelling round the country visiting different retail outlets in Vista Alegre and San Ferián (plus an unofficial diversion to see the sights at Macho Poncho . . .). This took three days and you also spent two days in Ciudad Central at a bankers' meeting, making a total round trip of 2500 kilometres.

This is the first claims form you have filled in so ring up your friend Pedro Plateros in Accounts and check your allowances:

hotel	lunch	car (and what about petrol?)
breakfast	dinner	miscellaneous (laundry, phones, etc.)

Now calculate your expenses for the week and go through them with Pedro.

The Search for Oil

These are some of the plans put forward for oil drilling in the inhospitable environment of the Antarctic. Look at them carefully and explain how they would work.

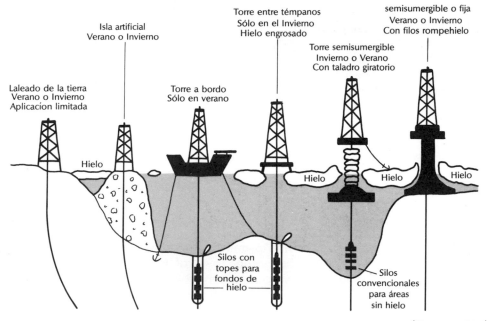

(*Caretas* 657)

The diagrams below and opposite show different applications of controlled directional drilling, a technique used to avoid some of the problems that arise in oil or gas exploration. Read the notes and then explain the circumstances which might lead to using this technique.

Las condiciones en la superficie pueden hacer muy difícil el desarrollo de un yacimiento petrolífero mediante perforación vertical convencional. La
5   perforación direccional permite la perforación de pozos productores desde sitios más accesibles.

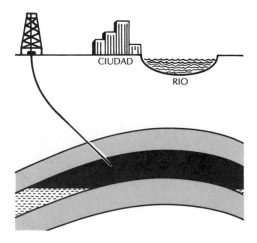

La perforación de pozos en mares profundos y donde las condiciones climáticas son muy adversas, tal como es el caso del Mar del Norte, es una
5 operación de costos muy altos ya que cada pozo perforado requiere de estructura especial y costosa. Bajo estas condiciones podría no ser atractivo económicamente el desarrollo de un
10 yacimiento petrolífero con pozos verticales convencionales.

La técnica de perforación desviada permite el perforar varios pozos desde una sola estructura, lo que hace menos costoso el desarrollo del campo.

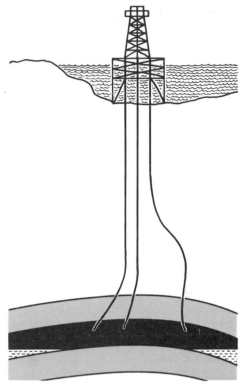

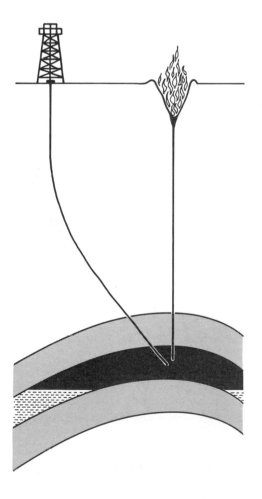

A veces se requiere de la perforación direccional para interceptar pozos fluyendo sin control y en condiciones críticas. Esta es quizás una de las situaciones donde la perforación 5 direccional requiere de una alta precisión y tecnología. Las técnicas básicas y fundamentales son las mismas que aquéllas utilizadas en la perforación direccional controlada convencionalmente. 10 Sin embargo, el área objetiva es necesariamente pequeña por lo que requiere de una precisión extrema para poder interceptar el pozo problema.

Es probable que sin la utilización de la 15 perforación direccional controlada jamás se hubieran podido desarrollar de manera económica campos de enorme potencial, que sin duda benefician a la industria petrolera y con ello a nuestro 20 país.

(*Tópicos* núm. 509)

The Search for Water _____

Water is in desperately short supply in many parts of the world. Different (and sometimes surprising) techniques have been developed to locate and supply it.

Read through the text once carefully.

Más agua para las regiones áridas

Desde hace algún tiempo se llevan a cabo experimentos con la siembra de nubes y la creación de lluvia artificial añadiendo hielo y dióxido de carbono y yoduro de plata congelados a las nubes. A este respecto todavía hay mucha incertidumbre sobre los resultados, especialmente sobre si la siembra de nubes en una zona modifica la
5   precipitación en otra.

Ingenieros especialistas en glaciares y físicos estudian la factibilidad técnica y económica de remolcar témpanos hasta las regiones donde hay escasez de agua. Al igual que con cualquier otro método propuesto para la explotación de fuentes de agua, la solución del aspecto tecnológico tendrá que preceder a cualquier decisión. El uso de los
10 témpanos en particular presenta problemas complejos de política y derecho internacionales.

Detección remota

El uso de fotografías tomadas desde satélites o aviones a gran altura es un nuevo método para obtener información sobre las regiones áridas. Mediante este proceso se
15 pueden encontrar oasis de agua al aire libre. La información geológica necesaria para determinar la forma y extensión de los acuíferos subterráneos ya se puede obtener mediante la mayoría de los métodos para obtener imágenes a distancia que incluyen radar e imágenes ópticas y térmicas tomadas desde aviones y satélites.

La detección remota permite también elaborar mapas de arroyos, vertientes y aguas
20 subterráneas de poca profundidad, localizadas en canales aluviales debido a los árboles, arbustos y otra vegetación asociada con la húmedad. En desiertos los tonos oscuros del suelo húmedo indican los efectos de las tormentas. Además se puede determinar la extensión y el movimiento de las aguas de inundación.

Desalinización

25 La desalinización del agua de mar a bajo costo producirá un auge en la explotación de tierras áridas situadas al borde del mar o de lagos salados. En las últimas décadas se ha propuesto la construcción de muchas plantas destiladoras gigantescas para producir agua destinada a usos agrícolas. Aunque se han desarrollado métodos nuevos y mejorados en base a membranas semipermeables a intercambio de iones, todavía
30 ninguno de ellos ofrece agua dulce a un costo verdaderamente bajo.

Destilación solar

En este proceso la radiación solar pasa a través de una cubierta transparente para llegar a la fuente de agua salada; el agua se evapora y se condensa debajo de la cubierta de donde se la recoge y almacena.

35   El proceso todavía está en etapa experimental o piloto aunque ya existen destiladoras pequeñas cercanas a aplicaciones comerciales extensas. En los EE UU, Francia, España y Australia ya se han desarrollado diseños de sistemas durables que requieren muy poca atención diaria y trabajan con un mínimo de mantenimiento.

(Agricultura de las Américas Año 29, 2)

1   Note down briefly the main points under the following headings:

   a) artificial rain   c) long-range surveys   e) solar distillation
   b) icebergs   d) desalination

2   True or False?

   a) Artificial rain is created by freezing clouds.

   b) Long-range detection can be used to produce elaborate maps.

   c) Storms over damp areas produce low-frequency sounds.

   d) Major distilling plants have been set up in recent years.

   e) Desalination is still an expensive process.

   f) Several countries are running solar distillery plants successfully.

3   What would the following items be used for?

   a) carbon dioxide and silver iodide

   b) radar

   c) optic and thermal images

   d) solar radiation.

4   Comparisons.
Prepare a brief report in Spanish on the feasibility of extracting water from different sources and the effectiveness of aerial surveys in the location and exploitation of water supplies.

Which areas of Lima are to get water?
What is the time-scale?

A LOS USUARIOS DE LOS DISTRITOS DE INDEPENDENCIA Y COMAS

La Empresa de Servicio de Agua Potable y Alcantarillado de Lima, hace de conocimiento de los usuarios de los Distritos de Independencia y Comas, que tal como se había ofrecido en recientes reuniones, el Sábado 3 de Abril se dará inicio a la firma de Contratos definitivos de conexiones domiciliarias de agua potable y desagüe, de acuerdo a un cronograma por zonas que se viene coordinando con la Central de Centrales del Distrito de Independencia, inicialmente.

Según el cronograma previsto por la Empresa, se entregarán alrededor de 400 contratos todos los fines de semana entre sábados y domingos, para lo cual se destacarán dos empleados de SEDAPAL para atender a los interesados entre las 9 de la mañana y 4 de la tarde, en el distrito correspondiente.

En una primera etapa, 6,500 usuarios de los Pueblos Jóvenes La Melchorita, Asociación de Choferes José Gálvez, El Ermitaño e Independencia, se beneficiarán con los documentos legales contractuales que en forma definitiva les proporcionará SEDAPAL. Al respecto, la Empresa viene coordinando con toda prontitud con los dirigentes de la Central de Centrales del Distrito de Independencia. Asimismo, SEDAPAL, en una 2da. etapa estará en condiciones de entregar los contratos definitivos a los Pueblos Jóvenes de El Carmen y Señor de Los Milagros en el sector de Comas, normalizando de esta manera el aspecto legal de sus instalaciones de agua potable y desagüe, que actualmente vienen disfrutando.

Lima, 1° de Abril
OFICINA DE RELACIONES PUBLICAS

Fishery Resources _____

The notes opposite and overleaf concern the development of Mexico's fishing industry which should play an important part in the improvement of the country's food production.

Read through and outline the proposals regarding the development of the different catches, their advantages and drawbacks. Then check what steps are to be taken and report on the present shortcomings indicated by these notes about the fishing industry, its organisation and distribution network.

Plan de desarrollo pesquero

Pesquería	Objetivo	Características deseables	Problemática	Acciones propuestas
Anchoveta	Producción de alimentos de consumo popular	Precios bajos Capacidad de descarga, conservación y aprovechamiento	Mayor rentabilidad en la producción de harina de pescado Falta de instalaciones industriales (p.ej. plantas procesadoras en los puertos)	Garantizar el acceso popular a su consumo Fomentar el desarrollo de plantas industriales Estimular inversiones integradas en flota e industria
Camarón	Incrementar la explotación y asegurar mayores beneficios a los productores primarios	Utilización provechosa de los medios de producción disponibles Arraigar a los productores en sus lugares de origen	Se desperdicia 90 por ciento de la fauna de acompañamiento Las relaciones entre armadores (propietarios de los medios de producción) y cooperativas (usufructuarios de los permisos de pesca) impide la implantación de medidas reguladoras Subutilización de la flota del Pacífico Dependencia del mercado estadounidense	Aprovechamiento de la fauna de acompañamiento Utilización máxima de la flota Organización de cooperativas Diversificación de mercados

Pesquería	Objetivo	Características deseables	Problemática	Acciones propuestas
Merluza, Bacalao	Desarrollar la capacidad para la pesca de gran altura	Aprovechamiento más racional de los recursos de la zona económica exclusiva Que se pesque en aguas internacionales y se aprovechen las cuotas otorgadas por otros países	Falta de medios propios para explotar estas pesquerías Falta de infraestructura portuaria y de personal calificado	Capacitación de tripulaciones Fomentar le creación de una infraestructura de apoyo para construcción, reparación y operación de las embarcaciones de aguas distantes Crear los canales de distribución y comercialización debidos
Tiburón	Aprovechar racionalmente las diferentes especies y destinar la captura a producir alimentos para el consumo popular	Precios bajos Aprovechamiento de los subproductos	Escasos conocimientos sobre el recurso Desorganización de los pescadores, lo que fomenta el intermediarismo Bajos rendimientos; deficiente estructura comercial	Fomento a la organización de los productores; otorgando créditos a los que se organicen Apoyo crediticio a las cooperativas

Industrial Relations _____

Read through the following news items which cover different aspects of industrial relations in a number of Latin American countries.

1 The first set concerns strikes. Read through and comment on the reasons given for their being called and how they could be, or were, resolved.

Puerto en huelga

Puerto Hundido, enero 25. Los trabajadores marítimos y portuarios iniciaron hoy una huelga en protesta contra la nueva legislación que regula las faenas portuarias.

Igualación de salarios

Sonora, septiembre 30. Estalló una huelga en Peemsa (una maquiladora de componentes eléctricos para automóviles) después de que la empresa se opuso a aumentar en más de 27, 5 por ciento los salarios. Los 93 trabajadores piden la igualación de sus salarios a los de otras secciones del Sindicato Nacional Independiente de Trabajadores de la Industria Automotriz al que están afiliados.

Aerohispania en paz

Ciudad Central, enero 28. Con el otorgamiento de un aumento de un 29,7 por ciento a los salarios del personal de tierra y de 25,8 por ciento a los pilotos, el 5 de noviembre se conjuró la huelga que estallaría el día siguiente. Además del incremento directo a los sueldos los trabajadores obtuvieron 11,5 por ciento más en prestaciones.

Fin de huelga

Durango, abril 17. 400 trabajadores de Mexicana de Mechas para Minas S.A. han levantado la huelga que ha durado 20 días. Los trabajadores han logrado obtener el compromiso de la empresa de respetar el contrato colectivo de trabajo.

¿Caso de sabotaje?

Monterrey, agosto 11. Se ha informado que los trabajadores mineros y metalúrgicos de Fundidora Monterrey (División Aceros Planos) continúan realizando paros de doce horas diarias. La empresa, con participación estatal, rescindió contratos a 437 trabajadores entre el 1 y el 6 de octubre. Además se acusó penalmente de sabotaje a ambos grupos. Como consecuencia la producción ha caído en un 6 por ciento.

(*Comercio Exterior* vol. 31 núm. 10, 11, adapted)

2   The following reports cover different conflicts with the authorities. Read through and take note of the offers made to the workers and the different measures that were either proposed or actually taken.

Paro en el transporte urbano
Tegucigalpa, dic. 17. En protesta por los planes gubernamentales de re-estructurar el recorrido de las líneas de transporte en esta ciudad capital, los propietarios de autobuses realizaron ayer un paro que afectó el tránsito vial en toda la ciudad de un cuarto de millón de habitantes. Recientemente el gobierno hondureño había concedido a los empresarios transportistas —pese al descontento de los usuarios— un incremento equivalente a 25 centavos de dólar en el precio de los pasajes.

Rebaja de salarios
Como un intento de contrarrestar los efectos de la recesión económica que afecta al país los bancos privados chilenos están reduciendo sus gastos fijos mediante reducciones salariales y el despido de personal. Aunque el gobierno negó que apoye esta política salarial, en noviembre pasado las autoridades chilenas sugirieron la disminución de los niveles salariales como forma de afrontar la crisis econó-mica. Por otra parte el gobierno anunció que el aguinaldo navideño será de 400 pesos chilenos por trabajador.

Permiso restringido de reunión a los trabajadores
Para permitir la paulatina re-organización de los sindicatos, disueltos en 1973 al arribar los militares al poder, el gobierno anunció el 13 de enero que permitirá, previa autorización policial, la realización de asambleas de trabajadores. Para obtener el permiso los trabajadores deberán informar a las autoridades sobre el tema y los objetivos precisos de las reuniones.

El ejército rompe una huelga
El presidente ecuatoriano ha in-formado que, después de agotar los recursos para llegar a una solución a la huelga de más de 7.000 obreros del Instituto Ecuatoriano de Telecomuni-caciones, ordenó a las fuerzas armadas romper la huelga y hacerse cargo de las instalaciones. Durante la acción fueron detenidos más de 600 trabajadores en todo el país y al salir de la cárcel fueron obligados a regresar a sus trabajos. Los trabajadores exigían un aumento salarial de 3.000 sucres mensuales y una canasta navideña de otros 5.000.

(*Comercio Exterior* vol. 32 núm. 2, 3)

Terminology

3   Check through all the reports again and locate the following terms:

a) Those relating to employees' claims.

b) Those relating to the settlement of disputes.

c) Those relating to negotiating machinery.

d) Those relating to pay rises.

e) Those relating to industrial conflict.

Consumer Protection _____

When new guidelines were introduced into Spain, to give consumers greater protection, it was required that goods should be labelled clearly giving specific information with regard to the manufacturer, the goods and their origin, contents and expiry date. However, a newspaper survey suggested that not all products would comply with the regulations.

1   Copy out the chart below and fill in the percentage of companies surveyed who did not comply with the new requirements. Tick the items *not* mentioned.

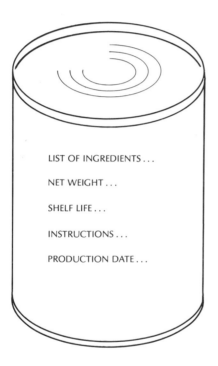

LIST OF INGREDIENTS . . .

NET WEIGHT . . .

SHELF LIFE . . .

INSTRUCTIONS . . .

PRODUCTION DATE . . .

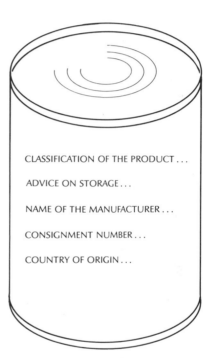

CLASSIFICATION OF THE PRODUCT . . .

ADVICE ON STORAGE . . .

NAME OF THE MANUFACTURER . . .

CONSIGNMENT NUMBER . . .

COUNTRY OF ORIGIN . . .

Las normas incumplidas según nuestro sondeo

Un muestreo realizado sobre unos doscientos productos ha dado como resultado el que el 8 por ciento de las etiquetas no indicaban la composición del producto; el 24 por ciento no mencionaba el contenido; el 28 por ciento no indicaba la fecha de fabricación ni caducidad; el 7 por ciento no hacía mención de la forma de mantenimiento o de preparación.

2   Column A quotes the proposed legislation on the correct layout and content of labelling. Column B lists the survey's findings on each point and quotes consumer complaints. Explain what the legislation aimed to do, then comment on it in the light of the information in Column B.

Entre dicho y hecho

A

Los datos obligatorios de identificación de los alimentos o productos alimentarios que se comercializan en España se expresarán necesariamente en español.

La etiqueta no inducirá a error o engaño por medio de inscripciones, signos o dibujos.

En el etiquetado de todo producto alimenticio figurará la fecha de duración mínima que se expresará mediante la leyenda *consumir preferentemente antes de* seguido de la fecha.

Los productos alimenticios perecederos en corto período de tiempo desde el punto de vista microbiológico precisarán obligatoriamente la mención *fecha de caducidad* seguida del día y el mes en dicho orden.

Las letras empleadas en la denominación del alimento deberán ser de un tamaño razonable incluso con el texto impreso más destacado.

B

Parece obvio decirlo pero sobre todo en el caso de las conservas de pescado (sardinas, bonito, calamares) hay que buscar entre inscripciones en alemán, italiano o inglés para encontrar la denominación o relación de ingredientes.

'Le voy a dar un ejemplo. Un niño vuelve del colegio y le pide a su papá que le compre una chocolatina, un caramelo, lo que sea. Una tableta de color verde le llama la atención. La etiqueta anuncia que es turrón y por el reverso indica que los ingredientes son: *azúcar, glucosa, grasa vegetal, leche, aromas colorantes, almendras* . . . Se supone que será una tableta de turrón. Pero ¿qué pasa? El niño quita parte de la envoltura y encuentra ocho caramelitos *con sabor* a turrón. Pero no lo es en realidad.'

'Hoy en las estanterías de un supermercado puede encontrarse que la mantequilla tiene en su base un número como *8354* ó *1712*. En el caso de la mantequilla envuelta en papel tiene un número perforado que por casualidad ha quedado en el pliegue del cierre.

Las salchichas dicen que hay que conservarlas refrigeradas pero en muchos de los paquetes la fecha indicada o está borrada o ha quedado justamente en el pliegue del envase y no se ve.'

Esta indicación podría ser importante, dado que en nuestro sondeo son muchos los casos en que los fabricantes deberían revisar su concepto de *razonable* y *claramente legible*. Hay una conclusión más importante aún: prácticamente sin excepción, todos los envases y etiquetas muestran una mayor preocupación por el aspecto publicitario que por el informativo.

(*Diario 16*)

3 A serious outbreak of food poisoning occurred in Spain in 1981 when industrial oil made from colza (rapeseed) was sold illegally for domestic use. What does this public warning say about it?

―――PUBLICIDAD―――

Importante para el consumidor

LA FEDERACION ESPAÑOLA DE INDUSTRIAS DE LA ALIMENTACION Y BEBIDAS INFORMA

Ante el desconcierto y caos informativo producido por la proliferación de rumores y listas sobre productos alimenticios envasados, presuntamente tóxicos, que no corresponden a la realidad, la SECRETARIA DE ESTADO PARA EL CONSUMO hizo pública el día 28 de agosto la siguiente nota informativa.

«Dada la situación de confusión existente en el mercado alimentario debido a la circulación de noticias o rumores sobre determinados productos, en los que no se ha detectado sustancia alguna que no los haga aptos para el consumo, se facilita el siguiente comunicado:

En lo sucesivo, y durante un período no determinado, diariamente se facilitará, por un portavoz de la Secretaría de Estado para el Consumo, la relación de productos en los que por los servicios de vigilancia, inspección y laboratorios de la Administración se haya detectado alguna sustancia o circunstancia que los haga no aptos para el consumo. DEBE ENTENDERSE QUE LOS DEMAS PRODUCTOS SON APTOS PARA EL CONSUMO».

Asimismo informa esta Federación que no se ha detectado ningún hospitalizado por el síndrome tóxico y consiguientemente ninguna víctima que no haya ingerido en directo el desgraciadamente famoso ACEITE DESNATURALIZADO DE COLZA, vendido a granel en garrafas sin marca ni precinto o envasado bajo las marcas a que hace referencia la nota diaria de la Secretaría de Estado para el Consumo.

Este ACEITE TOXICO no ha sido detectado por los Servicios Sanitarios correspondientes en ningún otro producto alimenticio envasado de ninguna industria española de alimentación y bebidas.

Las responsabilidades, por tanto, de esta desgraciada situación serán determinadas en su día por quien corresponda, pero, desde luego, son totalmente ajenas a la industria de alimentación y bebidas legalmente establecida y sometida a cuantos controles sanitarios establece la Ley.

Relación de marcas de aceite que el 9 de septiembre se consideran no aptas para el consumo

Rael	Pochi
Monri	Eureka
Selmi	Prosol
Raoli	Aceites Beamonte
Raelsol	Aguado-El Prado
Ramoli	Benisol
El Olivo	Aceites Haya
Jap	Aceites Producción y Consumo

La marca de conservas EUREKA y la de chocolates EUREKA no tienen ninguna relación con los aceites antes citados.

No hay constancia de que ningún otro producto, en cuya composición intervenga o no el aceite, no sea apto para el consumo.

Queda, por tanto, desautorizada toda lista o información que no responda a la comunicación pública anteriormente indicada.

Dada en Madrid, en el día de hoy, a las 19 horas.
Carlos Alonso de Velasco
Director del
INSTITUTO NACIONAL DEL CONSUMO

PARA MAS INFORMACION,
LLAMAR AL TELEFONO
(91) 435 34 34

ORAL SUMMARY

Press Announcements _____

If you are living abroad items which appear in the local press can be important.

What is the Mayor asking people to do, and why?

ALCALDIA DE LIMA

ESTIMADO VECINO:

Como es de su conocimiento, la Municipalidad de Lima está empeñada en llevar a cabo el "PLAN DE RECUPERACION DE LIMA", con el fin de ofrecer a ustedes, los vecinos, una ciudad ordenada y placentera cumpliendo con las normas de ornato y paisaje urbano.

Dentro de este Plan se han iniciado la Recuperación y Rehabilitación de Lima Cuadrada, reubicando el comercio ambulatorio en sectores periféricos, siendo las próximas acciones el mejoramiento de las Vías Públicas, Plazas y Plazuelas, Ambientes e Inmuebles Monumentales y la Iluminación Pública.

Para la presentación de la Ciudad en las próximas Fiestas Patrias, requerimos de tu **DIRECTA PARTICIPACION** en todo aquello que mejore el inmueble que ocupas, ya sea, limpiándolo, reparándolo, y/o pintándolo con los colores de nuestra Lima Tradicional. De este modo cumplirás con lo establecido en la Ordenanza de Ornato y Paisaje Urbano que te obliga y con la Ciudad que te reclama.

La tarea del Municipio, sólo será completa si se cuenta con el respaldo y la aprobación de todos los vecinos.

EDUARDO ORREGO VILLACORTA
ALCALDE DE LIMA

The city authorities seem to be taking a sterner line. What will happen if people fail to comply? Compare the style of each notice and how they put over the same case. (See also page 82.)

MUNICIPALIDAD DE LIMA METROPOLITANA

Presentación de fachadas de inmuebles con motivo de Fiestas Patrias

CON motivo de celebrarse un Aniversario más de nuestra Independencia, la Municipalidad de Lima Metropolitana dando cumplimiento a lo establecido por la Ordenanza General de Ornato y Paisaje Urbano de la Provincia de Lima, recuerda al vecindario en general, que se encuentran obligados en forma permanente a mantener en buen estado de presentación la integridad de los inmuebles; para lo cual deberán limpiarlos, pintarlos o lijarlos según el material de construcción que posean.

Por lo que se les concede un plazo de DIEZ DIAS para que procedan a ejecutar los mencionados trabajos; caso contrario y vencido el plazo fijado, la Municipalidad procederá a realizarlos por cuenta de éllos, sin perjuicio de la aplicación de la multa equivalente al 50% del costo de las Obras.

DIRECCION GENERAL DE SERVICIOS TECNICOS

What are the following announcements for? (See also overleaf.) Who would be expected to act on the contents?

MOVIMIENTO DE VAPORES
4 de Setiembre
VAPORES POR LLEGAR HOY AL CALLAO
"Alange" (OPERACIONES OCEANICAS S.A.) de Chile.
VAPORES POR SALIR HOY DEL CALLAO
"Río Los Sauces" (TECNAPO S.A.) a Estados Unidos.
Callao, 4 de Setiembre
CAMARA DE COMERCIO Y LA PRODUCCION DEL CALLAO
División de Agentes Marítimos

Reuniones

El presidente del Banco Arabe Latinoamericano, Abdulwahab Al - Tammar ofrecerá mañana viernes una recepción a las 7 de la noche en el local del Club de la Banca, en San Isidro, con motivo de celebrarse la IV Reunión Ordinaria de Accionistas del Arlabank. Se ruega presentar la respectiva invitación al ingresar a la reunión.

Book Reviews ——————————

Read the following book reviews and answer the questions.

INTRODUCCION A LA INFORMATICA
Libro

José Luis Mora y
Enzo Molina

Este libro está dirigido a quien desea conocer los aspectos generales de la informática del procesamiento de datos y para el que, de manera fundamental puede considerarse dentro de una futura [5] especialización en esta disciplina, ya que la obra fue planeada a fin de que se estudiara por los alumnos con un mínimo de asistencia de parte de los profesores. Los autores la han concebido [10] con la intención de lograr los siguientes objetos:

Ofrecer a los estudiantes de áreas económicas-administrativas un texto que les permita obtener los cono- [15] cimientos de informática o de proce- samiento de datos necesarios para el ejercicio de su profesión considerando que no requieren ser expertos en la materia sino que basta con que obtengan [20] un panorama general de la misma.

La estructura de la obra está planeada para que sea fácilmente estudiada a nivel básico en un curso semestral de dos clases de una hora por semana, o en [25] un curso trimestral de veinte sesiones; sin embargo, puede adaptarse el contenido a cursos de menor duración eliminando algunos capítulos que sean indispensables para cada curso en [30] particular.

ECOLOGIA DE LA ORGANIZACION
Libro

Guillermo Michel

Se dice que el hombre es un pésimo administrador; uno de sus errores ha sido derrochar y contaminar de manera irreflexiva, los recursos naturales y por
5 ello es reo del grave delito, el de ecocidio. Si se piensa que esta palabra significa 'Muerte del medio ambiente', su significado adquiere terrible drama- tismo. Guillermo Michel, un maestro
10 universitario mexicano, consciente de los problemas que están destruyendo al medio ambiente, ha escrito Ecología de la Organización, donde estudia cómo esas contingencias limitan e influyen
15 en el desarrollo, en todos los niveles, de países como México y de otros que se clasifican como subdesarrollados: ¿Cuánto durarán nuestras reservas naturales y nuestras tierras cultivables?
20 ¿Cuáles son los límites razonables de contaminación que podrán resistir nuestros sistemas ecológicos?

La respuesta se encuentra en las páginas de este libro; México debe crear administradores, capaces de analizar y 25 regular el medio ambiente que rodea a las organizaciones nacionales; administradores identificados con la época moderna, sabios y humanos, aplicadores de la 'terapia organi- 30 zacional', que liquiden vicios ancestrales que carcomen a la pirámide del desarrollo mexicano, como el paternalismo, la corrupción, los cinturones de miseria, la juventud 35 marginada, la violencia ...

Libro palpitante. Será leído tanto por estudiantes en las áreas de contaduría y administración, como por aquéllos que anhelan el cambio de un 40 desarrollo que es artificial, injusto y desequilibrado; por los que propongan una revolución cultural no a la mexicana, obediente a las leyes vitales, respetuosa del equilibrio ecológico.

(Ed. Trillas)

1 *Introducción a la Informática*

a) Who is the book designed for?

b) What are the author's aims?

c) How long should it take to complete the course?

d) Outline the contents of the course.

2 *Ecología de la Organización*

a) Define *ecocidio*.

b) Who is the author?

c) What topics does the book cover?

d) What solutions does it put forward?

e) Is the tone of the review positive or negative?

Annual Trade Figures —————————

1 Summarise the situation with regard to Peru's exports in the first quarter of the
year.

Durante el primer trimestre de este año se exportó mercadería por valor de US $733
millones, nivel inferior en 10 por ciento al del trimestre inmediato anterior y en el 13 por
ciento al de similar período del año pasado.

Esta baja resulta principalmente de la persistente caída en los precios de los
principales productos de exportación. Los productos más afectados fueron la plata
refinada, el cobre, el plomo, el petróleo y la harina de pescado.

2 Look at these charts which show the composition of the total export figure and
how this year's figures compare with last year. Comment on the composition
and performance of the export sector in the first quarter of the year.

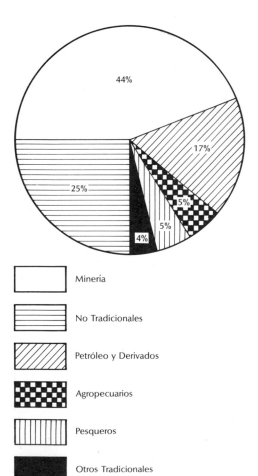

Minería

No Tradicionales

Petróleo y Derivados

Agropecuarios

Pesqueros

Otros Tradicionales

EFECTOS DE LA VARIACION DE LOS
PRECIOS SOBRE EL VALOR DE LAS
EXPORTACIONES TRADICIONALES*

PRODUCTOS	Millones de US$
MINEROS	— 72.5
Plata Refinada	— 42.4
Cobre	— 22.9
Plomo	— 18.4
Oro	— 5.6
Hierro	3.4
Zinc	13.4
PETROLEO Y DERIVADOS	— 18.1
AGRICOLAS	1.0
Algodón	— 2.9
Café	3.9
PESQUEROS	— 15.1
TOTAL	—104.7

* Calculado en base a los precios
promedio de exportación del primer
trimestre del año pasado.

Quicker by Boat _____

This report suggests that despite the apparent speed of air transport sea freight still has much to offer. Read through and comment.

En la actualidad, para los envíos pequeños a lugares distantes, se utiliza el avión; en el comercio interno lo usual es expedir las cargas voluminosas y pesadas principalmente por ferrocarril y en algunos países por camión. En el comercio externo las cargas se envían generalmente por vía marítima.

5   Este último es el transporte más económico y aunque parezca paradójico es más rápido. Se estima que enviar una tonelada de carga por aire cuesta 25 veces más que por mar.

También se calcula que para transportar 20.000 toneladas a una distancia de 12.000 km, un buque tipo *Mariner* empleará 22 días; si se utilizaran aviones sería

10   necesaria una flota de 122, con capacidad de transportar 25 toneladas cada uno, y los aparatos deberían realizar cuatro viajes cada uno en una operación que duraría 24 días.

A esta notable diferencia hay que agregar las del consumo de combustible, neumáticos y otros servicios colaterales, como por ejemplo reparaciones y mantenimiento.

(*Comercio Exterior* vol. 31 núm. 9)

The Family Budget _____

Spain's National Statistics Institute regularly produces sets of figures to monitor family spending levels. However, some commentators question the accuracy of the way in which the data is compiled. Read through and comment.

¿Cómo gastan los españoles su dinero? El Instituto Nacional de Estadística publica datos basados en la Encuesta Permanente de Consumo con el fin de hallar una respuesta.

Se ha descubierto que en la actualidad la familia media española dedica un 42 por

5   ciento de sus gastos a la canasta familiar, más bebidas y tabaco; en orden de importancia le siguen los gastos de transportes y comunicaciones (10,3 por ciento), muebles, accesorios y enseres domésticos (9,5 por ciento), vestido y calzado (8,8 por ciento).

Sorprendentemente la Encuesta no ha considerado capítulos tan importantes como la adquisición de la propia vivienda, que de haber sido incluidos hubieran alterado

10   sensiblemente la estructura de los gastos familiares.

Del mismo modo el cálculo de los alquileres distorsiona sensiblemente el resultado final. Sin duda —y a pesar del elevado número de viviendas de renta limitada— los gastos de vivienda suponen mucho más que el porcentaje estimado.

(*Actualidad Económica* 1199)

A Weak Currency _____

Rates of inflation in Latin America can be alarmingly high and devaluations frequent. This example comes from Uruguay. Read through and comment.

Programa de minidevaluaciones

El Banco Central anunció el 4 de junio una tabla de las minidevaluaciones diarias desde esa fecha hasta el 30 de noviembre próximo; en ese período el peso uruguayo habrá totalizado una pérdida de 9, 34 por ciento frente al dólar. La medida continúa la política de bajas graduales y periódicas de la moneda nacional, en contraste con las
5   devaluaciones recientes del austral argentino. Este último fenómeno explica sin duda la transferencia a este país de entre 40 y 50 millones de dólares propiedad de residentes en Argentina.

(*Comercio Exterior* vol. 31 núm. 6, adapted)

Pollution Measures _____

Mexico City has the reputation of being one of the most polluted cities in the world. This is partly due to the concentration of people (over 20 million) and vehicles using low octane fuel. The geographical location of the city, in a natural basin, creates an inversion effect which prevents the polluted air from dispersing. In addition the city has grown so much that industries which were once well outside the city limits (such as the 18 de Marzo oil refinery) have long since been absorbed.

The announcement of the granting of financial aid to firms to combat pollution is therefore to be welcomed. Read through and comment.

Créditos para la instalación de anticontaminantes

El 4 de agosto se informó que la Sociedad de Salubridad y Asistencia y el Fondo de Equipamiento Industrial —fideicomiso del Banco de México— firmaron un convenio mediante el cual se otorgarán créditos a las industrias que instalen equipos anticontaminantes o modifiquen sus procesos productivos para evitar daños al
5   ambiente.

Los créditos serán a tasas preferenciales y hasta un plazo de 13 años con tres de gracia. Cubrirán 90 por ciento del costo de las instalaciones hasta un límite de 200 millones de pesos.

(*Comercio Exterior* vol. 31 núm. 8)

Selling in the Home _____

International companies are active in most Spanish-speaking countries and it is common for them to introduce well-tried sales and marketing ideas locally. Read through and comment.

Ha llegado el té de demostración

Jafra Cosmetics, conocida empresa internacional dedicada a la elaboración de productos de belleza, ha iniciado sus actividades en nuestra capital.

Emplea un novedoso sistema de comercialización a cargo de expertos consultantes que reúnen en el domicilio de una 'hostess' o anfitriona a un grupo de personas para conocer los beneficios de su serie de productos de belleza. La línea incluye cremas limpiadoras y humectantes, champúes, perfumes, maquillaje y el bálsamo de leche.

Las damas invitadas podrán probar todos los productos tranquilas y con comodidad y para la anfitriona la compañía le obsequia su regalito y, naturalmente, recibe una comisión por concepto de poner su hogar a su disposición.

(*El Observador*)

Appointments Board _____

Read through and comment on the different job titles.

Un cambio de personal

Sud América Terrestre y Marítima SA, Compañía de Seguros Generales acordó en sesión de directorio el nombramiento de Alfredo Cogorno Castro (gerente general), Juan Barrera (gerente de producción), Miguel Echenique (gerente técnico) y Napoleón Burneo (gerente administrativo).

(*El Observador*)

WRITTEN SUMMARY

Tourism Hots Up _____

Summarise this article about the increase in tourism to Spain in 175–200 words in English.

Los beneficios del turismo

El turismo se ha convertido ya, definitivamente, en la gallina de los huevos de oro de
la economía española. Miles de pequeños y
grandes empresarios hispanos han hecho
este año, más que nunca, su agosto dorado.
En Mallorca, en la Costa Brava, en Benidorm
o en Marbella, durante el mes pasado, no
cabía ni un alfiler. Sólo durante el mes de
julio visitaron nuestro país ocho millones de
turistas con los bolsillos más o menos llenos
de divisas para gastarse en restaurantes,
hoteles, espectáculos y productos españoles.

En lo que va de año ya nos han visitado
más de 30 millones de extranjeros (aunque
todavía no hay datos exactos de agosto), con
un incremento del diez por ciento sobre el
año anterior. Pero lo mejor son los ingresos
por turismo, que durante el primer semestre,
enero-junio, ascendieron a algo más de
6.000 millones de dólares, unos 780.000
millones de pesetas, equivalentes a la décima
parte del presupuesto del Estado. El
crecimiento sobre el año anterior fue del
treinta por ciento. En estos datos no se
incluyen los meses fuertes de julio y agosto,
pero las previsiones de los expertos son
superoptimistas.

Los franceses han venido más que nunca,
pero también han empezado a volver los
norteamericanos —70.000 más que el año
pasado— y también *nos han descubierto* los
finlandeses y demás nórdicos. Aunque el
gran desembarco en la península Ibérica ha
sido el protagonizado por los italianos, en
cuyo país se ha puesto de moda veranear en
España. No es de extrañar: con lo que ellos
se gastan allí una noche en un hotel de
cuatro estrellas en España pueden hacerlo
durante cinco días y en un establecimiento
de mejor calidad.

El *boom* turístico ha estallado este año con
más fuerza en las islas Baleares. Mallorca le
ha ganado por la mano a Marbella en eso
del turismo de los famosos, políticos y
familias reales. Pero también en el otro
turismo, el de los *tour operators* procedentes
de toda Europa y en el del turismo interior, a
base de españoles que han preferido en 1987
unas vacaciones baleares.

El rentable aeropuerto de Son San Juan
ha tenido durante los fines de semana de
agosto más tráfico que el aeropuerto de
mayor tráfico de Europa, el de Heathrow.
Este año pisarán el aeropuerto mallorquín
más de once millones de pasajeros.

Con el turismo todo funciona. Si durante
el año pasado la economía del archipiélago
balear creció a un ritmo ligeramente superior
al seis por ciento, cifra sólo comparable a los
mejores años de Taiwan o de Corea, este año
el crecimiento está siendo aún superior. Los
barcos de carga de mercancías han llegado a
las islas con una ocupación de bodegas un
treinta por ciento mayor que el año pasado.
La construcción se ha disparado especta-
cularmente y el paro registra el mayor
descenso de la historia reciente.

(*Cambio 16* núm. 823)

The UN on the Debt ───────────

Summarise this declaration by the UN on the debt crisis in approximately 200 words in English.

Resolución de la Asamblea General sobre la deuda y el desarrollo

La Asamblea General,
Habiendo examinado el informe del Secretario General titulado 'La situación internacional de la deuda'

Tomando nota de las declaraciones formuladas por los estados miembros en relación
5 con ese tema, en particular en los debates celebrados en las sesiones plenarias y en la Segunda Comisión de la Asamblea General,
Reconociendo que los problemas del servicio de la deuda constituyen una carga grave, restrictiva y continua para el desarrollo económico y social de muchos países en desarrollo,

10 1. *Acuerda* en los elementos siguientes e *invita* a todos los involucrados que los tengan en cuenta al abordar los problemas del endeudamiento externo de los países en desarrollo, con miras a lograr soluciones equitativas, duraderas y concertadas, teniendo en cuenta las circunstancias particulares de cada país:

a) El endeudamiento externo, considerado desde un punto de vista global, debe
15 afrontarse en el marco de una estrategia de cooperación fortalecida y mejorada de la comunidad internacional para el crecimiento económico mundial sostenido y el desarrollo, sobre todo en favor de los países en desarrollo;

b) Reconociendo la competencia de las instituciones financieras multilaterales, así como de los organismos especializados, organizaciones y órganos pertinentes del
20 sistema de las Naciones Unidas en sus mandatos respectivos, se deben abordar las cuestiones interrelacionadas de la deuda, el dinero, las finanzas, las corrientes de recursos, el comercio, los productos básicos y el desarrollo en el contexto de su interdependencia estrecha;

c) En un espíritu de compromiso común y de cooperación mutua, se debe estimular
25 en los países en desarrollo un crecimiento y un desarrollo más fuertes, que entrañen la participación de todos los países a quienes concierne, en particular los países desarrollados acreedores y los países en desarrollo deudores, las instituciones financieras multilaterales y los bancos privados internacionales, al abordar los problemas de la deuda de los países en desarrollo;

30 d) Una solución duradera del problema de la deuda también requiere acciones simultáneas y complementarias en las esferas de la política económica que se apoyan mutuamente, y comprende lo siguiente:

i) Los procesos de ajuste y cambios estructurales nacionales efectivos, realizados en el marco de las prioridades y los objetivos del desarrollo nacional, deben
35 orientarse al crecimiento; es menester tener debida cuenta de las necesidades económicas, sociales y de desarrollo de cada país al aplicar la condicionalidad;

ii) Medidas de apoyo que entrañen, entre otras cosas, la eliminación del proteccionismo y la expansión del comercio internacional, el aumento de las corrientes financieras, programas de préstamos de las instituciones financieras y los bancos comerciales internacionales en apoyo de medidas orientadas al crecimiento, tipos de interés reales más bajos y mejoramiento de los mercados de productos básicos;

iii) Políticas coherentes y coordinadas de los países industrializados, incluido el fortalecimiento de la vigilancia multilateral, promotoras de una situación económica internacional favorable, que estimule el crecimiento sostenido y no inflacionario, y de ajustes que aborden los desequilibrios de la economía mundial, incluyendo la reducción de los desequilibrios comerciales y la promoción de mayor estabilidad en el mercado de cambio de divisas;

e) Hay una relación importante en cualquier país entre la movilización y la utilización de sus recursos, la entrada neta de recursos financieros para el desarrollo y de ingresos de capital y de divisas por exportaciones, y la posibilidad de que satisfaga el servicio de su deuda externa; en ese contexto, es menester tener debida cuenta de los requisitos en materia de inversiones e importaciones y las necesidades económicas y sociales fundamentales de la población de cada país;

f) Se deben seguir elaborando arreglos de restructuración de la deuda y acuerdos financieros innovadores orientados al desarrollo, en condiciones que tengan en cuenta los factores internos y externos que afectan a la economía del país de que se trate;

2. *Invita también* a todos los interesados a que tengan en cuenta lo antedicho al abordar los problemas de la deuda externa de países con problemas graves de servicio de la deuda;

3. *Pide* al Secretario General que presente en el próximo período de sesiones de la Asamblea General una versión actualizada de su informe sobre la situación internacional de la deuda y los indicadores relativos a ésta, en relación con el mismo tema del programa, teniendo en cuenta la presente resolución.

(ONU)

Hard to Swallow ─────────────

Chicle, the natural base of chewing-gum, has been extracted from trees in Mexico, Central and South America since Pre-Columbian times. Today the work of the *chicleros* is in decline as they are faced with competition from synthetic substitutes.

Report on the topic, covering points such as the actual source of *chicle*, the development of the chewing-gum industry, and the situation today.

La crisis del chicle

El chicle es la resina, látex o savia del árbol del chicozapote, el cual crece en forma silvestre en el trópico húmedo de México y de algunos países de Centro y Sudamérica. El

chicozapote empieza a producir resina entre los 50 y 70 años de vida cuando su tronco alcanza un diámetro de 30 cm, a una altura de más de 15 m. La cantidad de resina que
5 puede obtenerse depende fundamentalmente del volumen de la precipitación pluvial; cuando ésta es baja la segregación del látex se reduce.

En México se mascaba chicle desde antes de la llegada de los españoles. En la época colonial se explotó la madera del árbol, muy apreciada por su resistencia, pero el hábito de mascar la resina nunca llegó a popularizarse debido a la dureza del producto.
10 Hacia 1860 James Adams conoció esa costumbre gracias a Antonio López de Santa Anna, en aquel momento exiliado en Nueva York, pero mejor conocido por la captura del Alamo casi cuarenta [sic] años antes. Interesado en el producto, James Adams hizo diversos experimentos para darle elasticidad y hacerlo agradable al paladar. Con este fin le agregó azúcar y diferentes sabores que permitirían conseguir una mayor aceptación
15 entre los consumidores.

En 1865 nace la industria del chicle, con la instalación en Estados Unidos, de la empresa Adams Chewing-gum Co. Esta obtiene la materia prima de las selvas mexicanas, la mezcla con los diversos ingredientes y la vende bajo la marca Adams. Hasta el inicio de la primera guerra mundial el producto, con un alto porcentaje de chicle
20 natural, sólo se consume en Estados Unidos pero cuando la guerra los soldados estadounidenses llevan a Europa la costumbre que se extiende de manera notable.

Por consiguiente se incrementa la demanda del látex pero solamente hasta los años veinte cuando se reduce considerablemente la cantidad de chicle incluida en el producto, sustituyéndose primero por otras resinas naturales de países distintos a
25 México y después, en forma creciente, por productos sintéticos. Aunque el chicle mexicano sigue siendo la mejor de las resinas naturales, las de otros países son considerablemente más baratas y las sintéticas no sólo tienen un precio inferior, sino que permiten un mejor control de calidad.

No obstante durante muchos años no se podía mantener la calidad del producto
30 final sin alguna cantidad, por pequeña que fuera, de la materia prima mexicana. Pero hoy en día ha habido un aumento notable de la calidad de los productos sintéticos y los adelantos en la química han permitido darles las características precisas requeridas para sustituir al chicle y, además, los productos sintéticos cuestan mucho menos que el natural (de la mitad a la tercera parte).
35 Ambos hechos han provocado la eliminación total de éste en la composición de la mayor parte de las gomas de mascar y se teme que en un futuro próximo desaparezca del producto final en todas las marcas.

(*Comercio Exterior* vol. 31 núm. 9)

How Safe is it? _____

Lay out in chart form the information contained in the following extract to show the number of problems Spain had with nuclear power in the early 1980s.

Zorita.—Inaugurada en 1968. Un trabajador de la central, muerto de leucemia. Se han producido en algunos momentos tasas de abortos en los pueblos de alrededor muy superiores a las del resto de la provincia.

Junta de Energía Nuclear.—En dos ocasiones ha habido emisiones de vertidos al exterior. En el año 70 se contaminó el río Tajo y el 17 de mayo de este año se produjo una fuga de 450 litros de líquido radiactivo al alcantarillado de Madrid.

Vandellós.—En 1975 se detectaron averías en los serpentines del generador de vapor. Tardaron dos años en solucionarlo. Se encontraron 45 serpentines estropeados. Mientras tanto, la potencia del reactor estuvo por debajo del 90 por ciento.

Almaraz.—En marzo de 1982 se paralizó el reactor número uno por detección de vibraciones anormales en los tubos integrantes del sistema de refrigeración. Con el mismo problema aparecieron otros grupos más pertenecientes a las centrales de Ascó y Lemóniz. Debido al problema, el grupo uno de Almaraz tuvo que funcionar al 50 por ciento de su capacidad.

El 1 de abril de 1982, el senador por Cáceres denunció ante el Pleno del Senado irregularidades en el funcionamiento de la central: en el plazo de ocho meses se habían producido tres averías con escape radiactivo, según el senador, lo que produjo la muerte de pájaros en las inmediaciones y la aparición de peces con malformaciones.

Ascó.—El 6 de diciembre de 1982, el primer grupo de la central interrumpió su funcionamiento, iniciado en agosto, por una avería en una bobina del alternador. El 28 de septiembre de 1983 se produjo la rotura de numerosos tubos de conducción de vapor en el interior de la turbina; la central se encontraba en período de parada y los vapores emitidos no presentaron contaminación. El 31 de enero de 1984 se produjo un grave accidente, con dos heridos, por una explosión de hidrógeno que no afectó los circuitos radiactivos.

Cofrentes.—En marzo del 80 se produjeron denuncias de siete trabajadores de una de las cuatro empresas que intervinieron en la construcción sobre la falta de seguridad con que ésta se llevó a cabo.

(Cambio 16 núm. 661)

A Noise Problem _____

Reduce the following passage, which concerns the dangers of excessive noise levels, to approximately 175 words in English.

Proteja sus oídos

Los agricultores tienen más posibilidades que otros trabajadores de sufrir pérdida de audición debido al exceso de ruido. La exposición prolongada a esos ruidos debilita el nervio y con el tiempo lo destruye. Además el ruido tiene un efecto psicológico que pone a las personas tensas, nerviosas y hasta irritables. La gente que trabaja en ambientes con mucho ruido es más propensa a confundirse, cometer errores y, por lo tanto, es menos eficiente. Por otro lado, el ruido tiene también efectos fisiológicos como dolor de oídos, fatiga, náusea y disminución del control muscular.

Para reducir las posibilidades de pérdida de audición y los otros efectos del ruido excesivo de la maquinaria agrícola los agricultores deben saber cuánto tiempo al día
10 pueden manejar la maquinaria sin someterse a un riesgo excesivo. El tamaño de la maquinaria no es indicación del nivel de ruido que produce. Sorprendentemente las cosechadoras combinadas resultan menos ruidosas que los tractores pero mucho depende del cultivo que se cosecha y el modelo.

El tiempo permisible de exposición varía según la intensidad del ruido, que se mide
15 en decibeles (dB). En los Estados Unidos se establece un límite máximo de 8 horas de exposición a ruidos de hasta 90 dB. Y si la maquinaria emite un nivel de ruido de 95 dB se puede manejar el equipo por un máximo de cuatro horas diarias sin arriesgarse a sufrir daño permanente de la audición, o solamente 2 horas por día si el nivel de ruido es de 100 dB.
20 Existen tres puntos para controlar el nivel de ruido en el contexto del trabajo: 1) la fuente del ruido 2) la trayectoria que sigue y 3) los oídos del mismo trabajador. En cuanto al primer caso, si la maquinaria fuente del ruido no puede ser rediseñada ni reconstruida, la única alternativa que queda es interponer barreras entre los oídos y la fuente de ruidos. Una posible solución es cambiar la ubicación de la maquinaria o
25 recurrir a barreras a grande o pequeña escala como el aislamiento o protectores para los empleados en la forma de orejeras —que rinden la mejor protección aunque son voluminosas y a veces incómodas— o tapones para los oídos. En lo que se refiere al aislamiento, una cabina por sí sola no necesariamente significa menos ruido; de hecho las cabinas sin aislar muchas veces amplifican los sonidos. El ruido sí se reduce a un
30 nivel aceptable poniendo espuma acústica en las paredes, el techo y en el piso de las cabinas. Entre los materiales probados al parecer el que mejor resultado ha dado es la espuma acústica con revestimiento perforado. Se puede usar espuma de 0,75 ó 1,25 cm de espesor; ambas dan buen resultado pero lógicamente la de 1,25 resulta más efectiva, aunque naturalmente más costosa. Por otro lado, instalar aislamiento de fibra de vidrio
35 dentro de la consola de un vehículo servirá también de parafuego. Todas estas medidas tienen como objetivo mejorar los niveles de seguridad personal en las diversas y cada vez más complejas tareas del agricultor de hoy.

(Agricultura de las Américas 7–80)

Merchant Shipping in the Third World

At the beginning of the 1980s Latin American merchant vessels topped ten million tons gross registered tonnage and 100 million tons of merchandise was carried under the flags of the different Latin American nations, aided by cargo reservation policies designed to encourage the use of national carriers. However, it is still widely felt by the Third World that the international terms of trade are weighted against it.

Write a summary in English of the following text in 100–200 words.

La marina mercante en el tercer mundo

Desde hace varios años los expertos han señalado las crecientes dificultades de los países de América Latina para incrementar la proporción de sus exportaciones que se transporta en sus propios barcos y obtener, al mismo tiempo, resultados eficientes a costos razonables. Se considera que la constitución de flotas mercantes nacionales abre
5 perspectivas favorables ya que ayudaría de forma significativa su comercio internacional, equilibraría sus balanzas de pagos y fomentaría el desarrollo industrial.

Sin embargo, a pesar de las evidentes ventajas comparativas del transporte naval, los países en desarrollo tienen poca participación en el mismo. En efecto, de acuerdo con el estudio de la UNCTAD, a principios de los años 80 más del 60 por ciento de la carga
10 marítima mundial estuvo constituida por las exportaciones de los países sub-desarrollados, que poseen menos del 8 por ciento de la flota mercante del mundo. Este hecho ha contribuido al deterioro de los términos de intercambio de los países productores y exportadores de materias primas.

Se ve, entonces, que la escasa participación de los países subdesarrollados en el
15 transporte marítimo es efecto y causa del propio subdesarrollo. Y su reclamación contra el desequilibrio del comercio de la navegación puede justificarse ya que el grueso de la carga proviene del Tercer Mundo. Si se toma el caso del transporte de las cargas secas (como granos, cereales o minerales) el 30 por ciento de la carga es expedida en buques graneleros y más del 90 por ciento del crudo procede de los países en vías de
20 desarrollo, aunque éstos poseen menos del 6 por ciento de la flota mundial de buques cisterna y graneleros.

Hasta ahora los países que tienen una alta participación en ese transporte reconocen el derecho de otros países a participar pero únicamente en el transporte en buques de línea regular. Pero este sector constituye solamente el 20 por ciento del tráfico
25 mundial de carga. En cambio no han reconocido —salvo en términos muy generales e indirectos— ese derecho en lo que se refiere al transporte de carga a granel que representa el 80 por ciento de la carga mundial.

En la práctica se sospecha que muchos países desarrollados —al fin y al cabo los *importadores* de mercancías a granel— parecen tratar a las naciones subdesarrolladas
30 que comercian con ellos como si no tuvieran derecho alguno a realizar también parte del transporte marítimo de sus propias mercancías.

(*Comercio Exterior* vol. 31 núm. 9)

AT-SIGHT TRANSLATION

The texts for these exercises are to be found in the Teacher's Book.

Package Tours ──────────────

A whole range of tours is available for people in the New World to visit the Old without having to worry about booking accommodation or making travel arrangements. Some are simply designed to allow the visitor to see as many places as possible in the shortest possible time, while others are designed for the more specialised traveller and take in trade fairs or special exhibitions.

Shipping Build-up: Mexico ──────────

Mexico's merchant navy is intended to play a significant part in the country's development. Apart from the modernisation of port installations and the setting-up of a national shipyard in Veracruz, the state oil company, Pemex, plans to run its own fleet of tankers. Spanish yards are co-operating in these projects.

Company Reports ──────────────

ALUMALSA, GENOSA, Remetal and Silicio de Sabón are all subsidiaries of Aluminios de Galicia SA. Brief reports on their performance at the end of the financial year indicate some of the problems that have to be overcome for this area of industry to be profitable.

Demand at home has been low because many areas of the manufacturing industry are in the doldrums. Exporting surplus stocks has been difficult because fierce competition abroad and the rise in overheads, which have had to be passed on to the consumer, have further reduced competitiveness. Nonetheless, some firms have been able to turn in a good set of results.

Silver Producers close Ranks ──────────

Many Latin American countries are heavily dependent on particular commodities and their economies are susceptible to fluctuations in price and demand. There have been numerous attempts to form cartels in an endeavour to gain local control of prices, none with any notable success.

Mexico and Peru are major silver producers; they are vulnerable to the changes in price levels which could occur if the market were to be saturated, for example by selling unusually large amounts in a short time.

The Potential of the Amazon ————

The Amazon jungle is not, as is commonly believed, exclusively Brazilian. In fact no less than nine countries include Amazon territory within their borders and all see the area as one with enormous potential.

But no less enormous are the problems that need to be faced in developing the region, ranging from basic lines of communication to disputes over ownership of the land.

In Peru the government corporation CORDE Amazonas (*Corporación para el Desarrollo del Amazonas*) is responsible for developing the country's extensive jungle terrain – 62 per cent of its total land surface, but with only 8 per cent of the population.

Library Sources ————

a)   The National Library of Spain was founded in 1712. The original collection was housed in a corridor but it has grown from its early beginnings by absorbing other collections (bequests from individuals or through historical events such as the acquisition of church libraries in the 1830s). Today it is a copyright library and has holdings of more than two million volumes, plus rare manuscripts, maps and even posters, records and cassettes.

b)   Spain's National Newspaper Library is a very useful source for material on current affairs and recent history. It has complete runs of all major newspapers, besides regional and specialised publications. Its collection also includes pamphlets and books.

The Market Share ————

There is intense rivalry between firms (and sometimes between different products belonging to the same firm) and it can be important to know who is the market leader and how different labels are performing.

On the other hand some products have an almost total control of their part of the market.

WRITTEN TRANSLATION*

The Environment _____

Peligroso por la contaminación

Hacer cualquier tipo de ejercicio en la Vía Expresa[20] no es recomendable[6] debido al alto grado de contaminación existente en la misma,[13] según sostiene el autor del nuevo proyecto de ley orgánica[8] del medio ambiente.

Sostuvo que por dicha[7] vía transitan aproximadamente ciento cincuenta mil
5   vehículos diarios[11] de los cuales el noventa por ciento tiene la carburación[9] defectuosa por lo que[7] produce monóxido de carbono.[14] La inhalación[11] de este gas causa —entre otros— síntomas de somnolencia, fatiga personal, pérdida del buen humor, irritabilidad, etc.

Por ello se recomienda que se cubra[12] de vegetación los taludes de la Vía Expresa
10   para de este modo[6] combatir la contaminación y[8, 13] evitar así que corra peligro la salud de las personas que frecuentemente hacen ejercicios en esta zona.[10]

(El Comercio 76–865)

Which version do you prefer and why?

line 1	**no es recomendable**	*not recommendable*
		not to be recommended
		The author of a new bill . . . does not recommend

line 3	**proyecto de ley orgánica**	*proposed legislation*
		the draft of a new law
		new guidelines concerning the environment

How close in fact can the English be?

| lines 2 and 4 **sostener** | *Why change tense?* |

Which is the correct meaning?

line 4	**dicha vía**	*aforementioned road*
		the road mentioned above
		this particular highway

---

* The numbers inserted in the translation passages in this chapter refer to notes in the Teacher's Book.

line 7   What does **otros** refer to?

line 9   Which is the best choice for **por ello**:   *because of it*
                                                               therefore
                                                               for this reason

line 9   What does **se** refer to?

lines 9–11   Is it worth splitting these three lines into two sentences?

7.000 incendios forestales devastan anualmente España

Fue a partir de 1978[7] cuando los incendios pudieron considerarse como una auténtica plaga en España. De un máximo de 4.000 anuales hasta entonces casi se duplicó la cifra, coincidiendo con el aumento de incendios provocados[10] que suponen[6] la mitad de los que se producen. El origen del resto hay que buscarlo en negligencias[10] —
5   quema de pastos o cultivos y fumadores—, tormentas o causas desconocidas.

Se[12] han tomado acciones de carácter preventivo[8] consistentes en trabajos de ordenación de áreas de cortafuegos en los montes que, unidas al refuerzo de los medios de extinción,[9] han permitido mejorar los índices[8] de incendios de años pasados.[14] Sin embargo, continúa aumentando el número de incendios que se inician en las márgenes
10 de las carreteras donde se acumulan malezas y caen colillas y cerillas arrojadas, generalmente, por los automovilistas.[6]

Ejército del aire en constante estado de alerta

En 1971, cuando los incendios oscilaban entre 1.500 y 3.000 anuales, llegaron a España dos aviones CL-215 (modelo Canadair) para combatir el fuego en el monte,[6]
15 pudiendo[7] alternar sus servicios con el de salvamento.[8] Eran pequeños —no llegaban a los veinte metros de longitud— con dos motores de hélice,[9] velocidad máxima de 188 kilómetros por hora, pero los únicos capaces de posarse en el agua, cargar en marcha 6.000 litros de agua y a los doce segundos levantar el vuelo para descargar el líquido sobre sus llamas.[6]
20 En la actualidad se sigue operando con el mismo tipo de avión[7] pero ya son doce las unidades y cada una cuesta más de trescientos millones de pesetas. Se ha demostrado que son los mejores en la lucha contra incendios y ya han totalizado las 25.000 horas de vuelo, habiendo soltado 340 millones de litros de agua.[7] Sus bases están en Santiago de Compostela, Reus, Palma de Mallorca, Valencia, Jerez de la Frontera y Torrejón de
25 Ardoz.

Cada avión tiene dos tripulaciones con un día de trabajo y otro de descanso.[8] Si hay que salir se trabaja de sol a sol,[8] descargando agua sin más interrupciones que las forzosas del repostar,[6] hecho que se produce cada cuatro horas y media. Cada tripulación la forman dos pilotos y un mecánico. Y el peligro es real:[8] en diez años que llevan operando se han perdido cinco aviones y nueve vidas humanas.

(*El País*)

Observe these uses of the gerund. How can they best be translated?

line 3   *coincidiendo con el aumento de incendios provocados*
line 9   *continúa aumentando el número de incendios*
line 15   *pudiendo alternar sus servicios con el de salvamento*
line 20   *se sigue operando con el mismo tipo de avión*
line 23   *habiendo soltado 340 millones de litros de agua*
line 27   *descargando agua sin más interrupciones*
lines 29-30   *en diez años que llevan operando*

Look at the ways in which the definite article is used here. What translation problems do they create?

lines 3-4   *suponen la mitad de lo que se producen*
line 13   *cuando los incendios oscilaban entre 1.500 y 3.000 anuales*
line 14   *para combatir el fuego en el monte*
lines 15-16   *no llegaban a los veinte metros de longitud*
line 18   *a los doce segundos levantar el vuelo*
lines 27-8   *sin más interrupciones que las forzosas del repostar*
lines 28-9   *cada tripulación la forman dos pilotos y un mecánico*

Oil

Sondeo en erupción

Durante el año pasado se[12] completaron los sondeos Ciudadela A, B y C. Aparte de esta actividad de perforación hay que[7] destacar una operación delicadísima realizada[8] en los primeros meses del año y que consistió en el control del sondeo Ciudadela-B que por una avería fortuita[6] entró en erupción[9] en julio y estuvo arrojando a la atmósfera
5 caudales de gas superiores al millón de m³/día desde esa fecha hasta el septiembre en que pudo ser controlado.[13] Para esta operación se utilizó un equipo especial conocido

como 'snubbing unit'. La operación se realizó bajo la dirección y supervisión de los técnicos de ENIEPSA.[11]

Una vez controlado el sondeo, se[12] utilizó un equipo de perforación para su
10 recuperación[11] y puesta en producción[11] —operación que se[12] dio por terminada[8] en febrero del presente año[13] siendo la profundidad final alcanzada de 2.665 m.[7] El pozo está[8] actualmente completado como productor de gas.

(Memoria Anual, ENIEPSA, adapted)

Beware phrases which do not transfer easily to English.
line 2   *una operación delicadísima realizada en*
line 10   *operación que se dio por terminada*
line 11   *siendo la profundidad final alcanzada de 2.665 m*

Comment on the following alternatives.
lines 7–8   *The operation was carried out under the direction and supervision of ENIEPSA technicians.*
The operation was directed and supervised by ENIEPSA technicians.
A team of technical experts from ENIEPSA directed and supervised the whole operation.

lines 9–10 *drilling gear was used for recovery and putting it back into operation*
drilling equipment was used to save it and get it back on stream

Would it be clearer to present this report in chart form?

Year:
Extent of drilling: OR   Year:
Location: Location:
Results: a) offshore   Operation:
            b) Orinoco   Result:

Which do you prefer and why?

Exploración: balance de un año de actividades

Fueron grabados 10.337 kilómetros de líneas sísmicas (en comparación con 2.910 el año anterior)[13] como parte de los estudios geológicos que se adelantan en los estados Apure, Falcón, Táchira, Zulia y costa afuera.[20]

La perforación[9] costa afuera arrojó resultados positivos. De cuatro pozos perforados
5 en la Ensenada de Barcelona: dos resultaron[17] descubridores[6] de hidrocarburos, uno resultó[17] seco y el otro se encontraba en evaluación a fines de año.

Lo más significativo del año constituyó[7] el inicio de la evaluación del volumen y naturaleza de los crudos de la Faja Petrolífera del Orinoco[20] en la zona asignada a la empresa por Petróleos de Venezuela. En esta área se perforaron 26 pozos exploratorios
10 de los cuales 20 resultaron[17] productores de crudo, cinco abandonados y uno productor de gas.[8]

(Maraven)

lines 3 and 8   Footnotes: what sources can you find in the library to provide outline background information about different regions of Venezuela or aspects of its oil industry? Draw up a brief reference list.

line 7   How would you translate **lo** here? Think of alternative ways of saying the same thing in Spanish.

You have been asked to send this information to a partner's office in Dallas. Re-work it into a telex message.

Down to Business ————————————

Lo que es igual sí es trampa

Los fabricantes y distribuidores de los reconocidos[8] pantalones Levi's se han visto sorprendidos[6] por la aparición de la marca Leny's cuyo logotipo adherido como etiqueta a los pantalones puede hacer surgir confusiones sobre el verdadero[13] manufacturero. En efecto la *n* de la palabra Leny's está dibujada allí de modo similar a una *v* aunque estas
5   etiquetas son notablemente distintas si se las compara.

Los representantes de Levi's han introducido un juicio[9] contra los fabricantes a nivel de la Corte Suprema de Justicia.[10] Han publicado avisos de prensa para alertar a los consumidores también.[13] Aparentemente no es la primera vez que Levi Strauss & Compañía, fundada en San Francisco, California, en el año 1850, tropieza con un intento
10   semejante de 'apropiación ilícita de prestigio'.[9] Pero por lo menos esta vez la compañía decidió ponerse los pantalones[8] y entablar las debidas acciones legales y publicitarias[9] para proteger sus intereses.

(*Número Año 2*, núm 98)

Which version do you prefer and why?

line 6   *Levi's have brought a case against the manufacturers.*
Levi's legal representatives have taken the manufacturers to court.
A case is pending in the US Supreme Court, brought by Levi's against the manufacturer.

line 7   *press notices have gone out*
notices have appeared in the Press
they have printed notices in the papers

Can you convey the joke contained in line 11 in English?

Con 700 millones una asociación levanta centro comercial

Con una inversión de setecientos millones de intis financiados por el Banco de la Vivienda, 350 miembros de la Asociación de Comerciantes inaugurarán en junio próximo el mercado y el centro comercial 'Los Incas'.[6]

Isabel Gálvez, presidenta de la asociación,[13] explicó[11] que el terreno sobre el que se levanta el mercado[6] tiene siete mil 162 metros cuadrados de superficie. Este constará de un centro comercial de 350 puestos, ubicados en dos niveles, de oficinas administrativas, guardería infantil y de un salón auditorio con cine.[6] El contrato de construcción abarca el centro comercial, los cuatro pisos de la torre del mercado, las pistas y veredas y la instalación del mobiliario, señaló Isabel Gálvez.[6]

El mercado quedará limitado por las avenidas Chinchaysuyo, Contisuyo, Túpac Inca y Huáscar cuyas pavimentaciones serán financiadas en partes iguales por los vecinos y la asociación, destacó.[15]

El banco ha establecido un plazo de diez años para cancelar[10] el financiamiento pero, con el alquiler de algunas tiendas, la publicidad en los muros y con los ingresos que obtendrán por el cine y el auditorio Isabel Gálvez confía en que sólo tardarán cuatro años en pagar su mercado.

En la actualidad todos los puestos tienen dueños al igual que algunas de las veinticinco tiendas que bordean el mercado, dijo finalmente.[6]

(*El Comercio*)

São Paulo, Brazil

The newspaper story above reports on an interview with the Association's director.

Would it be more effective in English if some (or all) of her statements were made in direct speech? (See lines 8, 19, 25, 31 and 37.)

If you do re-write any of her statements, would a better effect be achieved using the present tense rather than the past?

La mujer y el mercado del trabajo

El fenómeno de la inflación, la pérdida concurrente del poder adquisitivo de las familias urbanas y la desesperada situación que se vive en el campo ha provocado que millones de mujeres, no obstante el peso de la tradición,[8] hayan dejado el hogar para emplearse en 'cualquier cosa' con tal de sobrevivir y ayudar a hacerlo a sus
5   familias.[13]

Según cifras de la Secretaría de Programación y Presupuesto ha habido un aumento mayor a 8 por ciento[6] en la fuerza laboral femenina y a 30 por ciento en el caso de las mujeres —francamente subempleadas— que se ocupan en labores de servicios.[6] Las hay albañiles, empleadas en el cuidado y limpieza de parques; otras laboran como
10   taxistas o conductoras de autotransportes y también se les puede ver en la punta del Ángel de la Independencia en Reforma[20] limpiando a jabón y agua el monumento. Y desde hace algunos años 800 muchachas policías dirigen el tránsito, imponen multas o determinan si un automóvil contamina o no.

Esto es expresión de que los[7] ingresos de un solo miembro de la familia son ahora
15   insuficientes y por otra parte es un síntoma de que las mujeres han empezado a competir con los hombres por las fuentes de trabajo. Sin embargo, lo que podría ser mayor participación en la vida social y económica del país se convierte en otro problema:[6] al ampliarse la oferta de la mano de obra, automáticamente se reducen los salarios y el poder negociador del sector obrero.[9] Muchos patrones aprovechan esta
20   situación. Las mujeres, los jóvenes y hasta los niños con frecuencia se emplean aceptando[7] un contrato verbal, sin prestaciones ni seguridad alguna. Lo peor[8] es la ausencia general de organización y la ignorancia total de sus derechos laborales y el amparo de la ley, sin mínimos de seguridad y protección en el trabajo, con salarios inferiores a los mínimos autorizados.

(Uno más Uno núm. 1242)

Try restructuring paragraph 1 along different lines.
Follow the original phrase by phrase.

Millions of women have left home to find something to keep themselves busy.
This flies in the face of tradition.
Inflation, etc. has brought this about and they have to get by themselves and help their families.

Inflation, etc. has made it difficult for millions of women to manage and cope with their families.
They have had to leave home to find any kind of job.
This move goes against the old ways.

This is a news item and should have impact – especially the first paragraph. Do either of the remodelled versions distort what is said in the original and do they have more impact?

Lines 9–13 contain local references. Would it be more effective to put a full stop in after *autotransportes* and run the two examples about Mexico City into one following sentence?

What are you going to do about the references to the Angel and Reforma (apart from looking them up in *The South American Handbook*)? The ordinary reader is not going to understand their significance.

Gaseosa La Gitanita SA

1   This handout, prepared for the local press, is basically designed to inform the business community of the launch of a new soft drinks firm with details of location and financial composition. But it has been made into something more dynamic and even political with references to the nation's development, etc. Identify the words and phrases used to create this effect. How would you tackle this for translation purposes and how would you convey the same sense in English? Done literally it would sound absurd. Any ideas?

Formación de la empresa

Empresas Maldonado,[13] en su tradicional y permanente[11] deseo de fomentar el desarrollo de Santa Margarita[20] a través de la creación de nuevas industrias generadoras de fuentes de trabajo y por consiguiente el bienestar social,[16] ha juzgado prudente constituir legalmente[9] —con fecha 11 de agosto del presente año y ante notario
5   público— la Razón Social 'Gaseosa La Gitanita SA' para la elaboración de gaseosas, así como otras bebidas no alcohólicas.

La planta de producción estará localizada en la Zona NO de Ciudad Central en la prolongación de la Av. 22 de abril esq.[8] con Av. de las Américas y cerca de la urb.[8] Las Encinas. Sus oficinas generales se radicarán en el edificio Maldonado, actualmente en su
10   etapa final de construcción en la Av. de los Conquistadores.

La inversión total de la industria será del orden de $45.000.000 (CUARENTA Y CINCO MILLONES, moneda nacional)[9] en la cual la firma Empresas Maldonado participará en un 70 por ciento representado el 30 por ciento restante por diversos accionistas nacionales. (Como puede notarse la inversión total será netamente

15   sanmargarina, no habiendo por este motivo registro de inversión[20] de capital extranjero en el Banco de la Nación de Santa Margarita.)

Gaseosa La Gitanita SA, confiando[11] en el progresivo desarrollo del país y en la calidad de sus productos —así como la aprobación del consumidor sanmargarino[13]— confirma su fe en el brillante futuro de este negocio efectuando esta considerable

20   inversión, considerándola no sólo en su propio beneficio sino como una fidedigna[16] contribución al porvenir auspicioso de la República de Santa Margarita.)

A number of adjectives present problems when choosing the correct term, the mot juste or the right style in English. What can be done with these examples?

line 1   *tradicional y permanente deseo*
line 2   *nuevas industrias generadoras*
line 3   *ha juzgado prudente*
line 17   *confiando en el progresivo desarrollo*
line 21   *al porvenir auspicioso*

Paragraph 2 contains a number of items referring to addresses. Make a list of items which appear in hispanic addresses, taking particular note of those with no exact equivalent in English (e.g. *Calle de Tafalla 21 4° izq.*).

2   This extract from the body of the handout provides a contrast with the previous piece – simple and to the point. How is this style achieved and how can it best be rendered into English?

Edificios e instalaciones

Se instalará la planta de producción en un terreno de un área de 25.000 m^2 aproximadamente. Su ubicación en la vecindad de la autopista agilizará[10] extraordinariamente[8] la transportación del producto elaborado[10] hacia otros mercados del país sin[13] tener que sufrir por este motivo[16] los problemas de tránsito urbano de

5   Ciudad Central.

La sala de embotellamiento estará compuesta de tres líneas (lavadoras, esterilizadoras, llenadoras[9]) con facilidades para operar con botellas (desde 125 ml hasta tamaño familiar de 1 litro) así[13] como adicionales instalaciones para envasar en latas.[6] Los equipos seleccionados tendrán una capacidad de producción anual

10   equivalente a 12 millones de botellas de medio litro o un millón de cajas estándar. Para garantizar la insuperable[8] calidad de sus productos y mantener un nivel estable (color, sabor, efervescencia) dispondrá de un laboratorio dotado con el equipo más moderno y con un personal altamente calificado.[13]

Esta nueva industria generará inicialmente trabajo para 250 personas. Todo su
15 personal será netamente sanmargarino —incluso los altos directivos— habiéndose[12]
por este motivo[16] enviado al exterior gente seleccionada[7] a recibir capacitación y
entrenamiento en sus correspondientes áreas.[13]

(Cámara de Comercio de Ciudad Central, República de Santa Margarita)

Note the use of the future tense throughout. What alternatives are there to simply
saying *will be, shall*, etc?

It sometimes sounds more natural or simply more logical to change the sequence in
which information or ideas are presented. This technique also enables you to move
away from the structure of the original, although care must be taken not to alter the
emphasis of the original on particular points. Start each sentence with the
following:

line 1   *un área* not *la planta*
line 2   *transportación* not *ubicación*
line 6   *tres líneas* not *la sala*
line 9   *producción anual* not *equipos*
line 9   *12 millones* not *los equipos*
line 12   *laboratorio* or *la insuperable calidad*
line 14   *gente seleccionada* not *todo su personal*
line 14   *trabajo* not *nueva industria*

Holiday Paradise _____

1   The style of this holiday leaflet is clearly designed to be as soothing as the sound
of surf on a tropical beach. How is this effect created in the original? How would you
preserve it in translation? (It might be helpful to study holiday advertisements or
brochures in English.)

Hotel Meliá Caribe: a su disposición

Elegante y sofisticado . . .pero cómodo y deportivo; sobria y despreocupadamente
vacacional[14] es el Hotel Meliá Caribe. A muy corta distancia de Caracas y cercano al
aeropuerto, su personal experto y servicial[14] le proporcionará todo cuanto sus
vacaciones o convenciones necesiten para hacerlas inolvidables en un Hotel de lujo
5   cuyo diseño es perfecto.[18]
En la cafetería 'La Curiara' todo el sabor del trópico está a su disposición para el
desayuno, la merienda o la comida informal. En el grill 'El Galeón' las mejores
especialidades de un plato típico, con sabor internacional, se preparan junto a su mesa
mientras que pescados y mariscos —con su bebida favorita— se[12] paladean y sin duda

10 se piden dos veces,[14] escuchando música de España en 'Tascamar'. Para un grupo de exigentes[8] el Meliá Caribe ofrece el grato ambiente de 'La Carabela'[6] el reino de los que saben a la hora de elegir su menú.

A orillas de la piscina y aspirando[8] la brisa marina, 'El Ancla' lo espera con cocteles o una comida ligera y reconfortante al aire libre y al son de los mejores conjuntos de
15 música típica venezolana.

Pero nada se compara a la noche tropical bailando en 'Don Pepe', moderna y elegante discoteca del Meliá Caribe.[7] Hotel Meliá Caribe, hecho para sus mejores momentos.[16]

Some specific problems of translation also arise. How would you cope with these?

line 1   *sobria y despreocupadamente vacacional*
line 3   *su personal experto y servicial*
line 9   *se paladean y sin duda se piden dos veces*
line 11   *exigentes . . . grato ambiente*
line 11   *el reino de los que saben*
line 13   *aspirando la brisa marina*
line 14   *comida ligera y reconfortante*

Being close to the airport (lines 2–3) might have its advantages but, how could you stress this without giving the impression that it is too close for comfort?

2   The style of this second extract is much less exotic but, although it limits itself mainly to listing the services on offer, care is taken to create a positive impression. This is an important point to remember when selecting the right phrase in English, especially when faced with a set of similar items.

Lugar de convenciones

El Meliá Caribe es el lugar preciso y exacto[11] para unas jornadas de trabajo, convención u otras reuniones importantes. Sus espaciosos y modernos salones, provistos de todo lo necesario para realizar traducciones[10] simultáneas, proyección de audiovisuales, iluminación especial, etc., pueden recibir desde 10 hasta 1.000
5 convencionistas y cuentan con personal ampliamente calificado[8] para resolver hasta los más mínimos problemas de organización de banquetes y otros eventos sociales.

Hotel Meliá Caribe: 300 habitaciones y suites de lujo que sirven de adecuado[10] marco al mejor Hotel del Caribe Venezolano. En él, los niños no son olvidados; disponen de programas especiales de entretenimiento y diversiones.[17] Los adultos, por otro lado,
10 pueden disfrutar del gimnasio, sauna, servicio de peluquería y Club de Salud y cuentan con todas las facilidades para realizar[6] excursiones, jugar golf, tenis o dedicarse[6] a la pesca y otros deportes náuticos desde la Marina ubicada al lado del Hotel.

(Meliá Venezuela SA)

lines 8–9   *disponen de programas*
line 10   *pueden disfrutar del gimnasio*
lines 10–11   *cuentan con todas las facilidades*

Write down all the phrases you can think of in English which might be acceptable; then see whether they fit any (or all) of these contexts.

Beware of 'false friends' – words that look similar to the English but which are different in sense or meaning:

line 2	*reunión*	line 8	*disponen de*
line 4	*iluminación*	line 9	*diversión*
line 5	*personal*	line 11	*realizar*
line 7	*adecuado*	line 11	*dedicarse a*

Can you add other words in order to build up a checklist?

3   The enthusiasm of the writer for his/her home-town shines through this introduction to the local tourist office guide. It has also eclipsed such things as punctuation, clarity and style.

Bienvenido a Santa Ximena

Nuestra[12] ciudad de Santa Ximena hace una atenta invitación a los distinguidos visitantes[8] para que,[7] además de gozar del cariño hospitalario[8] de sus habitantes, admiren una rica varieded de joyas arquitectónicas que en su mayoría han sido declaradas monumentos nacionales dado el valor artístico que éstas constituyen.[13]

5   En este modesto folleto apuntamos[12] una serie de obras de exquisito[8] gusto arquitectónico esperando con ello que nuestros visitantes tengan una noción del proceso histórico social que le ha tocado vivir a Santa Ximena de la Patria.[14] Santa Ximena —o Ciudad de los Jardines como suele llamársele— está situado en pleno corazón de nuestra Patria; con casi medio millón de habitantes y con recursos turísticos que pueden
10   localizarse a cortas distancias de la ciudad como, por ejemplo, Cerro del Muerto o los pueblos fantasma; poblaciones casi abandonadas pero que florecieron por su riqueza minera y dieron origen a la fundación de esta ciudad regional, sus manantiales de aguas termales como en Acá Pulque atraen a cientos de turistas, pues tales aguas contienen propiedades curativas y son de alto contenido vitamínico.[13] También existe un
15   importante manantial en Salto de Agua y en Ojocaliente se continúa la tradición artesanal como en Conelia que es la cuna del rebozo, vestido tan evocativo de nuestro querido país.[15]

Santa Ximena es el modelo de provincia romántica, tranquila y soñadora no obstante su progreso económico, social e industrial, sería muy largo enumerar lo que el
20   distinguido visitante puede encontrar en este rincón de la Patria.[13] Por lo pronto y a manera de guía conserve usted este recuerdo que le obsequía con agrado la Oficina de Turismo ex-convento de Santa Juliana, Calle Don Tomás Manuel s/n, donde se encontrará con una exposición permanente de artesanías populares y un gran surtido de dulces regionales.

(Oficina de Turismo de Santa Ximena, República de Santa Margarita)

How would your translation convey this eager welcome? How would you deal with the personal touches? (*Nuestra ciudad* line 1, *apuntamos* line 5, *conserve usted* line 21.)

These expressions of local patriotism might sound absurd in a colder language like English:

line 7	*Santa Ximena de la Patria*	line 17	*nuestro querido país*
line 9	*nuestra Patria*	line 20	*este rincón de la Patria*

How would you bring this out without sounding artificial?

The finest traditions of Latin hospitality are preserved in the Republic of Santa Margarita and are quite apparent here:

line 1	*una atenta invitación*
lines 1–2	*los distinguidos visitantes*
line 21	*le obsequia con agrado*

Tourism is a major sector of the economy and a prime source of hard currency for the Republic and this leaflet is, after all, an official publication. What kind of approach would you expect to find in a similar brochure printed in English? What style would be most appropriate for your translation?

The structure and use of punctuation here are eccentric (but quite genuine) in places. Sentences ramble (lines 7–14), the actual meaning can become unclear (lines 16–17) and several topics can be touched on almost simultaneously (lines 20–4). How will you handle these problems? (They are as much a problem of translation as difficult vocabulary or sorting out a complex train of ideas.)

WRITING

National Parks

The first national parks were set up in Spain in 1918 but today there are proportionally fewer protected areas in relation to the country's size than in more densely populated countries, such as Holland.

These notes outline some of the problems facing conservationists and look at the Coto Doñana, a remarkable nature reserve not far from Cádiz. Write an essay describing its situation and stressing the need to protect it.

Parques nacionales por orden de superficie			
Denominación	Superficie Ha.	Año de creación	Tipo de parque
1. Doñana	75.765	1969	Zona húmeda
2. Aigües Tortes y Lago de San Mauricio	22.396	1957	Montaña
3. Covadonga	16.925	1918	Montaña
4. Ordesa	15.709	1918	Montaña
5. Teide	13.571	1954	Insular
6. Timanfaya	5.107	1974	Insular
7. Caldera de Taburiente	4.690	1954	Insular
8. Garajonay	3.974	1979	Insular
9. Daimiel	1.812	1973	Zona húmeda

Problemática de un programa para la conservación de la naturaleza

España es el país europeo con menos parque natural protegido si se tiene en cuenta la dimensión del territorio nacional y la densidad demográfica (ver gráfico).
Ayuda futura de la nueva Ley de Protección de Parques Naturales (1979).
Posibilidad de contrarrestar la tendencia anterior de aplicar criterios de rentabilidad a corto plazo a la naturaleza, de considerarla como algo explotable y nada más.

Problemas de la conservación en el contexto hispánico

Sistemas de tenencia de la tierra.

Minifundio y latifundio.

El Programa de Energía Nuclear.

La contaminación del medio ambiente.

El impacto del turismo sobre todo en las zonas costeras.

Usufructo racional de los recursos naturales, p.ej. el agua.

Cómo proteger los derechos de los habitantes de zonas de interés público.

Necesidad urgente de realizar estudios de la flora y fauna y luego de emprender una política de planificación y consolidación de las especies y las en peligro en especial.

Coto Doñana

a) **Origen y composición**

Parque Nacional fundado en 1969 para conmemorar el Año Internacional de Conservación de la Naturaleza.

Ocupa un espacio de 26.000 ha (260 km^2) entre el río Guadiamar y el Océano Atlántico: zona de playa, cordón litoral de dunas móviles y marismas. Un área despoblada y de escasa aptitud agrícola.

Terrenos en manos particulares, municipales y del CSIC (Consejo Superior de Investigación Científica) y la ADENA, entidad dedicada a la conservación de la naturaleza (ver mapa, pág. 50).

b) **Importancia como reserva natural**

Lugar de conservación del medio ambiente para animales en peligro de extinción, p.ej. el águila imperial, la mangosta ibérica y el lince mediterráneo. Importancia como zona para las aves migratorias en camino de Africa.

c) **Amenazas**

Una zona de playa en manos particulares y fuera del control del Parque Nacional.

Posibilidad de un desarrollo incompatible con la manutención del ecosistema del Parque, p.ej. urbanizaciones turísticas como la de Playa de Matalascañas.

Modificaciones a la red hidrográfica: efectos de la sequía o el plan de regadíos Almonte-Marismas prevé la transformación de cultivos en una zona de 30.000 ha situada al norte del Parque.

Uso de insecticidas en zonas colindantes o relacionadas con el Parque, p.ej. a lo largo del río Guadiamar, lo que podría afectar la vida natural dentro de los confines del Parque.

Posibles efectos de la futura autopista Huelva-Cádiz programada al norte.

Posibles conclusiones

Necesidad de formular leyes que garanticen el medio ambiente en el futuro y no sólo en los lugares designados como reservas.

Estudiar formas para proteger la flora y fauna y permitir una explotación sana y racional de los recursos naturales.

Cómo preservar el patrimonio nacional para las generaciones futuras.

(*Cambio 16* núms. 264, 397, 502)

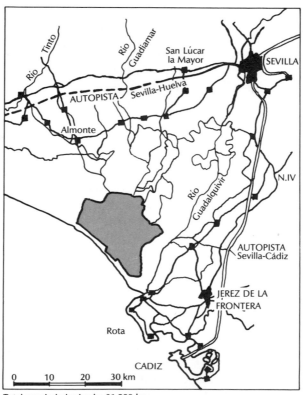

Total propiedad privada: 21.500 ha
Total propiedad municipal: 5.320 ha
CSIC y ADENA: 9.475 ha

El Coto Doñana en la desembocadura del Guadalquivir

The Year 2000 ────────────────

Los recursos naturales

The view of the world in the year 2000 in the following piece is a gloomy one. Weigh up the implications of the article and of the last sentence in particular.

Los 6.350 millones de personas que habitarán la Tierra en el año 2000 vivirán en un mundo más contaminado, ecológicamente menos estable y donde el agua y los alimentos escasearán.

Una cuarta parte de la humanidad depende principalmente de la leña como
5 combustible hoy en día. ¿Cómo será al fin de siglo? A estos mil millones de personas (el doble en aquel momento) les seguirá siendo prohibitivo el acceso a la electricidad, gasóleo, gas o butano cuando quieran calentarse o cocinar. Porque al final de este siglo la demanda de petróleo excederá las reservas disponibles en un 25 por ciento y los árboles se reducirán a la mitad. De los poderes públicos y la tecnología depende que cambie o
10 no este sombrío panorama.

(Cambio 16 núm. 543)

Hambre y desnutrición

These notes provide more specific numerical data on the problem of feeding the world's population at the end of the century. Use them to write an article on the difficulties which may have to be faced and briefly outline some of the factors that may alleviate them.

Número de hambrientos en el mundo de hoy: 700 millones (cifras del Banco Mundial). Para el año 2000: ¿1.000 millones?

La dieta en los países tercermundistas: un solo producto básico—maíz en México y Centroamérica, arroz en los países asiáticos, etc.
5 África oriental y occidental: el llamado 'cinturón del hambre'. 20 millones padecen hambre allí, así como el 70 por ciento de la población de la India.

América Latina: 130 millones de personas no consumen el mínimo recomendado por la FAO—68 gramos de proteínas diarias y 2.000 calorías por día.

¿Un problema de producción o distribución? ¿Solucionado por un cambio de
10 estructuras?

Según informe del Banco Mundial: 'Eliminar la desnutrición exigirá reorientar solamente el 2 por ciento de la producción mundial de cereales hacia las bocas que la necesitan'.

Producción de alimentos a escala mundial: se prevé un incremento anual del orden
15 del 2,2 por ciento.

P.ej. India: promedio anual de crecimiento de la producción alimentaria—2,6 por ciento.

Incremento anual de la población—2,4 por ciento.

Los recursos alimenticios

One solution to alleviating the problem of hunger in the world is to grow more food. However, that is not as simple a solution as it might seem. Using the points given here write a brief comparative study of agriculture in developed and underdeveloped countries; argue whether or not it is advisable for developing countries to imitate Western styles of production.

a) Cinco etapas en el proceso de alimentar a la población:
  - producción
  - comercialización
  - transformación
  - distribución
  - consumo

b) Organización de la producción alimentaria en los países desarrollados:
  - Aprovechamiento tecnológico óptimo: sistemas de regadío
      mecanización de la agricultura
      invernaderos
      procesos automatizados de
      transformación
  - Agricultores capacitados y entrenados.
  - Tierra enriquecida durante decenios.
  - Alta productividad y rendimientos.
  - Complejos sistemas de transporte, red de comunicación, almacenamiento y comercialización adecuada.
  - Investigación y extensión agropecuarias; centros de investigación.
  - Aspecto organizativo de la tenencia de la tierra: extensión de las unidades de producción; niveles de inversión.

c) El reto de la agricultura en los países tercermundistas:
  - Tenencia de la tierra; latifundio-minifundio.
  - Consecuencias de los programas de reforma agraria:
      sociales   políticas   falta de inversión
      económicas   de producción
  - Importancia del *pequeño* agricultor, ganadero o pescador en el incremento de la futura producción agrícola.
  - Defectos de la infraestructura existente:
      obras de regadío   comercialización e intermediarismo
      red de carreteras   almacenamiento
      comunicaciones y transporte

Cómo resolver la subalimentación mundial

Some of the ways proposed to improve agricultural production by the end of the century are listed here alongside some of the objections raised against them. Write an appraisal of the suggestions.

EN PRO

a) Producción de alimentos básicos de bajo costo concentrada en unidades especializadas, provistas de avanzada tecnología.

b) El empleo de la tecnología media o no convencional que requiere un mayor desarrollo y pruebas. Ejemplos de la maquinaria sencilla, técnicas de labor intensivo, equipamiento de producción local. Uso del viento como fuente de energía o el gasohol como combustible (ver pág. 97).

c) Reducir la dependencia sobre la importación de alimentos, especialmente los cereales.

Aumentar la proporción de tierra laborable dedicada al cultivo de alimentos básicos y reducir el área utilizada para el cultivo de cosechas para la exportación.

EN CONTRA

Peligro de centralización. Necesidad siempre de cuantiosas inversiones de capital y un personal altamente calificado. Y requeriría también una transferencia de tecnología, lo que podría ser difícil con respecto a las patentes. Pero además la transferencia de tecnología a los países en desarrollo permitiría el crecimiento de diferentes sectores como la agricultura, la silvicultura y la acuacultura.

Va en contra de la política de muchos países tercermundistas cuyos gobiernos quieren seguir el modelo del mundo desarrollado. La tecnología —hasta de nivel medio— requiere siempre bastante inversión y capacitación de personal. Algunas invenciones tienen ventajas y desventajas, precisamente como el gasohol.

Una tecnología media serviría sólo para formar a países medios y de ahí mediocres. La tecnología avanzada no debe ser propiedad exclusiva de los países avanzados.

Esto implica mayor productividad por parte de la agricultura nacional. Para lograr ese fin son necesarias medidas que los gobiernos a veces no pueden —o no quieren— poner en marcha, p.ej. reforma agraria o la modernización de la agricultura.

Es menester desarrollar aspectos importantes del proceso de cultivo y distribución. ¿Y si no hay fondos para invertir?

El país necesita las divisas que gana con estos cultivos. Ironía: zonas como el Caribe producen cosas de lujo o para la sobremesa—café, ron, tabaco...

Problema del monocultivo. Muchos países dependen en sumo grado de una cosecha específica: café (Colombia), azúcar, plátanos (islas del Caribe). Dificultades en cuanto a la diversificación. Costumbres y dieta típica: ¿cómo cambiar al régimen alimenticio habitual?

(Comercio Exterior)

The Economic Commission for Latin America

ECLA is a United Nations agency whose aim is to monitor and promote the economic development of the region. These notes were taken at a meeting held last month in the Republic of Santa Margarita. Write up the report for ECLA's quarterly review.

CEPAL: América Latina en la década de los 90

I *Reunión:* Celebrada del 4 al 16 de mayo en Ciudad Central.
Asistencia de más de 500 representantes de los países miembros de la CEPAL y observadores europeos y funcionarios de diversos organismos internacionales.

II *Objetivos:* Definir una estrategia económica y social común para el desarrollo de América Latina en los años 90.

III *Documento final:* Señala algunos problemas graves:
a) el deterioro continuo en los términos de intercambio comercial
b) el incremento de la deuda externa
c) la declinación del ritmo de crecimiento
d) la creciente dependencia tecnológica
e) la agudización de las tendencias inflacionarias.

IV *Propuestas:* 1 Una estrategia de desarrollo regional con los objectivos prioritarios siguientes:
a) acelerar el desarrollo económico
b) aumentar la capacidad científica y tecnológica
c) distribuir equitativamente el ingreso
d) evitar la inflación sin provocar recesión y paro.

2 Metas mínimas de desarrollo:
a) duplicar el ingreso por habitante en los próximos 10 años
b) incrementar a 4,4 por ciento la tasa de crecimiento de la producción agropecuaria
c) incrementar a 8,5 por ciento la del sector manufacturero
d) elevar la inversión y el ahorro interno a 29 y 26 por ciento del PIB respectivamente
e) intensificar las actividades de mayor contenido tecnológico.

3   En el área social:
    a) la ampliación del mercado del trabajo
    b) la mejora de los sistemas de educación, salud y vivienda de aproximadamente 150 millones de personas que viven en condiciones de pobreza.

4   Cooperación económica internacional:
    a) se subraya la necesidad de una efectiva integración regional y una amplia cooperación con los países en desarrollo de Asia y Africa.

V   *Aprobación del documento final:*
1   Aprobado por la totalidad de los países latinoamericanos participantes en la reunión.

2   Rechazado por EU.

3   Abstencionismo:
    Canadá   Países Bajos
    Francia   Reino Unido.

(Comercio Exterior, vol. 31 núm. 5, adapted)

Mexico: Opportunities for Joint Investment

The notes overleaf were taken at a lecture given at the Texas Chamber of Commerce. They are part of a series on the need for joint investment projects in Mexico. A Mexican friend lends them to you to help with an essay assignment – this one. Outline the problem as the Mexicans see it and how they view proper collaboration.

Oportunidades para la coinversión   Cámara de comercio
5 abril

I   Intermediarismo: el 80% del comercio exterior mexicano absorbido por intermediarios. Encarecen el valor hasta en cinco veces los productos.

   1.¿Por qué? Falta de redes de distribución y mercado evitan la comercialización directa.

   2. Imagen nativa de México en el extranjero (¿?) Sin embargo, las perspectivas para la export $=$ bastante grandes.

   3. Inútil sin contar con los canales para la distrib.

II   Colaboración : Econ. nac. <u>entrampada</u> - falta de tecnología
                                            - " " Investigación

   1. Solución a corto plazo: asoc^n con empresas del exterior. Base de un intercambio: materias primas (no sólo petróleo - plata, azufre, agric. etc) para el desarrollo de la tecnología y la ind.

   2. Pero un trato entre iguales - la segunda independencia Despojo del patrimonio - ya <u>no</u>. As^n con medianas empresas ext. Viable → muchas disponen de la tecnología avanzada.

   3. Filosofía: dispuestos a colaborar. Las grandes transnacionales se <u>imponen</u>. Foco de poder → peligro.

III Transferencia de tecnología: sector privado $400-500m <u>anuales</u> (Royalties).

   1. Hemos sido imperializados muchas veces ... tiempo que asociemos para q. no nos exploten las transnacionales.

   2. Colaboración : A nivel de empresa / sector / región / país. Ej - México - Houston (Tejas) Cámaras de Comercio.

   3. Diversas empresas. Proyectan invertir $50 mil millones en 110 empresas de capital conjunto. ¿ Creación de 30 mil empleos? Plantas Petroquím. agroind. turismo y servicios. Estudios de viabilidad en este momento.

How to be a Peseta Millionaire —————

1   It is easier, perhaps, than becoming a dollar millionaire, but you need to know
    something about techniques and the market nonetheless. These notes should
    help you on your way! Write them up into a report.

Liquidez	Necesidad de tener valores que pueden ser convertidos rápida y fácilmente en efectivo. Importante sobre todo cuando se pone en duda un adecuado nivel de seguridad.
Seguridad	Experiencias como el viernes negro del 19 de octubre de 1987 o el famoso crack de Wall Street de 1929 hacen hincapié en la seguridad como elemento básico.
Rentabilidad	El objetivo número uno. Con renta fija está asegurada, pero muchas inversiones (obras de arte, inmuebles) son más inseguras.

This interview with an Argentinian banking analyst may provide further information,
as will the notes overleaf, taken by a friend of yours at a lecture at the Spanish
Institute.

Aunque el mercado español fuera el mejor del mundo, mucha gente en el extranjero
simplemente no se daría cuenta. El inversor norteamericano había empezado a
interesarse más por los mercados ultramarinos cuando el crack destrozó la confianza y
en muchos casos se han retirado de mercados con un potencial muy grande como los
del Lejano Oriente sin hablar de las bolsas mas pequeñas de algunos países
europeos.

Lo que sucede es que el inversor extranjero como el norteamericano no invierte su
dinero en un lugar porque ha estado allí de vacaciones y le gusta. Sigue los consejos de
los analistas profesionales y en el caso de España convendría mantener contactos más
estrechos con los brokers de Nueva York, por ejemplo.

Mis consejos son varios. Si tuviera que escoger, ofrecería tres sectores: inmobiliario,
donde el boom actual se va a mantener sobre todo si tomamos en cuenta las demandas
consecuentes de los JJ.00 de Barcelona y la exposición universal de Sevilla que han
creado una demanda, un miniboom, en esas regiones.

La Coyuntura económica actual

Inflación: el presente año ha terminado con una tasa del 5,8 por ciento. El Gobierno ha previsto un crecimiento en el próximo año del orden del 3 p.c. Algunos analistas consideran que podría pasar el 5 p.c. y algunos juzgan que se superará la inflación del pasado.

Tipos de interés: aumento de dos puntos en los últimos tres meses. infl. de la pol. monetaria de Gob. y Banco de Esp.

Clima Social Conflictividad: huelga general en el mes de diciembre.

¿Hasta dónde?
El clima no propicio para la inversión.
Falta de acuerdo social entre Gobierno y sindicatos
Conflictos laborales podrían poner en peligro los beneficios de las empresas.
La inflación podría agudizarse.

Valor de la peseta
Fuerte déficit de la balanza corriente.
Probable devaluación como consecuencia de la subida de los tipos de interés.
La entrada en el Sistema Monetario Europeo puede fortalecer su posición.

Bancos
Acciones bancarias no recomendables.
Posibilidad de una competencia fuerte.

Alimentos
Sector atractivo. Empresas con ambiciosas políticas de expansión.

Construcción
Buenas expectativas, tanto a las constructoras como las empresas auxiliares.
Gran crecimiento de la demanda en los próximos años

Eléctricas
Un sector que hasta ahora no ha superado la crisis aunque ha tenido unos resultados discretos.
Posibilidades de una expansión futura con el mercado único Valor de la potencia hidroeléctrica
→ Posición estratégica de los Pirineos.

Seguros
Alto potencial de crecimiento. Competencia con las sociedades europeas.
? Posibilidad de combinar con los gigantes y de aprovechar al máximo el mercado europeo.
Posible expansión de este sector a raíz de la
→ influencia de resto de Europa sobre
→ consumidores en Esp.

2 What would you advise a Spanish client to do about investing abroad from the information given below?

	Ventajas	**Inconvenientes**	**Sectores más recomendables**
LONDRES	*Cercanía geográfica, capital del euromercado*	*Empresas con escasos beneficios*	*Exportadores*
NUEVA YORK	*Eficacia y liquidez Cantidad de acciones en oferta*	*Domina el gran inversor Costes de transacción y tramitación.*	*Bancos Sector farmacéutico Exportadores*
SUIZA	*Tipos de interés bajos*	*Estrecha y restrictiva Controlada por bancos nacionales*	*Seguros Química*
TOKIO	*Liquidez Intereses estables*	*Mercado poco accesible Sistema contable distinto*	*Defensa, construcción e ingeniería*

Mercados exóticos

Invertir dinero en mercados como el brasileño o el coreano puede resultar provechoso para el inversor aventurero. Según los índices, el mercado del Brasil arroja una rentabilidad del 70 por ciento en poco menos de un año. Sin embargo es un mercado muy volátil y la inflación supera el 900 por ciento.

Por otro lado los mercados asiáticos son el foco tradicional de los mercados emergentes. Japón lo fue y Hong Kong es una de las bolsas que ha madurado recientemente. Entre las bolsas más desarrolladas se sitúa la de Corea del Sur que registra un crecimiento del 72,4 por ciento en un año.

Si al inversor le preocupa la proximidad geográfica puede dirigirse a la bolsa de Portugal, donde se localiza un número mayor de empresas que en las de Grecia o Turquía. Además Portugal tiene la ventaja de que el gobierno tiene proyectada la liberalización del mercado bursátil.

Fuentes: Actualidad Económica núm. 1599
Floyds Bank Review

The Mighty Micro

Write a report on the potential of the microprocessor using the following data.

- Potencial del mercado   12.000 ordenadores personales en España.
  Valorados en 5.000 millones de pesetas.
  Crecimiento medio anual: 30 por ciento.
  Alcance máximo para fines de siglo: 300.000 unidades.
  Para entonces una de cada ochenta familias tendrá un ordenador personal en casa.

- Usuarios   Grandes empresas: 40 por ciento.
  Con fines didácticos, técnicos y científicos: 20 por ciento.
  Pymes: 20 por ciento.
  Profesiones liberales: 10 por ciento.
  (Abogados, ingenieros, arquitectos)
  En los hogares: 10 por ciento.

- Usos   **a   En la oficina**
  Util para las previsiones de ventas, estimación de presupuestos y modelos financieros.
  Ayudará a analizar situaciones alternativas y a tomar mejores decisiones de gestión.

  b   Informatización del hogar
  Aplicación variada desde el dar acceso a la cuenta bancaria hasta jugar a los marcianos. Elaboración de paquetes de software especiales de fácil manejo.

  c   En la escuela
  Juegos didácticos; desarrollo de una nueva metodología.
  Preparación de la gente joven en la tecnología del futuro.
  Enseñanza de la informática como asignatura desde 1982 empezando con los centros de formación profesional de la Iglesia.

- Para el futuro   Tener acceso directo a los bancos de datos privados y oficiales a través de una línea telefónica.
  Tener línea directa con el banco y el supermercado, las sucursales o los almacenes.
  Ayudar en los trabajos de la casa o el control de la seguridad.

Going On-Line _____

This is how two organisations intend to respond to the software challenge. Explain what they plan to do.

- Proyecto del Banco de Santander:

  El primer banco de Europa que pone a disposición de sus clientes un servicio de información en el hogar.
  Pedir el saldo, o el extracto de su cuenta.
  Consultar el cambio de divisas. (Servicio gratuito.)
  Inversión de 2.000 millones de pesetas.
  Reservado por el momento para los que posean télex.
  (Se aplicará posteriormente al teléfono y luego al televisor.)
  Una media de 300 peticiones diarias.
  (Un total de 40.000 télex instalados en España.)

- Proyecto de la Compañía Telefónica:

  Creación del videotex: un sistema telemático. Se conecta el teléfono o el televisor a un microprocesador.
  Permitirá hacer la compra
    reservar billetes
    intercambiar mensajes
    realizar transferencias de fondos.
  Se prevé que uno de cada diez hogares españoles tendrá este sistema.
  Mientras tanto el videotex y el ordenador casero son dos fenómenos distintos todavía en España.
  El Videotex instalado en el hogar de los abonados a partir de 1984. En contraste el sistema Antíope en fase de experimentación en Francia desde hace tiempo. Y en función en Inglaterra (sistema Viudata).

(*Cambio 16* núm. 558)

LISTENING COMPREHENSION

Transcripts of these passages are to be found in the Teacher's Book.

Traffic Problems

Study the map which shows lines of communication to the north-west of Madrid. The Transport Ministry (Ministerio de Obras Públicas y Urbanismo, MOPU) has drawn up a number of projections to show the likely growth of population in the area, with particular reference to Pozuelo, Las Rozas, Majadahonda and Boadilla. The Ministry has also carried out a number of feasibility studies with regard to the construction of ring-roads and new traffic systems to meet the likely increase in demand.

Particular trouble spots at the moment are:
• Access routes to Pozuelo and Aravaca near the turn-off on the main road to Corunna.
• Through traffic in Majadahonda, where a small road is being used as a short cut to Pozuelo.
• Access to Boadilla, an area which is already becoming heavily built-up.

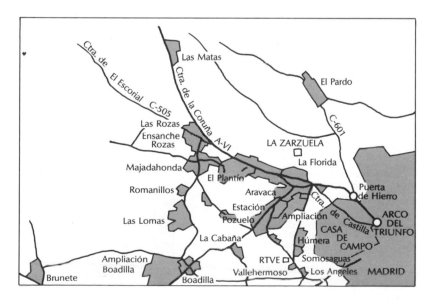

1   Listen to the information and make a note of the places mentioned:

Romanillos   Puerta de Hierro
Pozuelo   Villa Romana
Las Rozas   Carretera de la Coruña

2   Listen through again and note which roadworks are specified:

desdoblamiento de la carretera
obras de mejora de la carretera
construcción de: una nueva carretera de unión
                   nuevos accesos
                   cinturones de circunvalación

3   The following statements are all slightly inaccurate. Listen and correct them.

a) 9000 vehicles a day use the Corunna highway.

b) 20 000 people travel to work daily in Aravaca.

c) 21 000 vehicles use the road between El Plantío and Majadahonda.

d) There are 20 000 breakdowns a year between Las Rozas and Las Matas.

4   Write down the following passage. Listen and fill in the gaps.

El crecimiento de la zona en _____ personas, unos _____ vehículos más, significará multiplicar los problemas existentes ya que no sólo se verán afectadas las carreteras locales y los pasos por las ciudades, sino que también sufrirán los efectos la autopista de _____ y la carretera de _____ . No hay que olvidar que esta carretera es utilizada diariamente por _____ conductores que, una vez en _____ , se desvían con objeto de dirigirse a _____ , a _____ o a _____ .

Adding up the Cost

1   You are in the queue at a travel agency near your hotel. Listen to the discussion between the girl at the desk and the man in front of you. (The girl seems to be offering a discount on the fare and you are intrigued . . .)

a) What discount can she arrange?

b) Give the details of:
   normal fare
   net cost
   the rate of the peso against sterling
   and against the dollar

c) What is the final figure?

d) What else does the man want?

2   You are in a restaurant and the people at the table next to you are working out each one's share of the bill. Listen and calculate how much each will have to pay.

a)   Pilar   c)   Juan
b)   Miguel   d)   And is the tip OK?

MENU DEL DIA

ENTRADAS	CARNE
Sopa del día	Chuleta
Melón	Escalope de ternera
Entremeses variados	Pollo a la brasa
Paté de la casa	Pollo al ajillo

ENSALADA

PESCADO	POSTRES
Merluza a la Romana	Coctel de frutas
Pez espada	Tarta de manzana
Tiburón con salsa de tomate	Arroz con leche
Pescado blanco	Pastel de queso

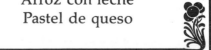

One of those Days

You are working in the dispatch room of a major supply firm in Bilbao. It is a busy office – the phone rings every five minutes, the answerphone always has messages on it after lunch and in an open office you cannot help overhearing snatches of conversation. Today things are going wrong. Listen and explain.

Flight Announcements

You are waiting for your flight home from the airport in Ciudad Central. What are these public announcements about?

Write down the following sentences in the order they come, filling in the gaps.

1   Pan Am to _____ , now boarding at Gate number _____ .

2   Last call for flight YZ456 to _____ , through gate number _____ .

3   Universal Airlines flight from _____ will arrive at about _____ .

4   Sr. López is being called to the _____ information desk of _____ .

5   Iberia flight number _____ is arriving from Lima.

6   Someone has left their lights on in the car-park.

7   Mr Arata is being called to the _____ .

8   Where does Mr Goldschmidt have to go?

The Best Place to Live in Spain

Lety Miranda looks at living conditions in Spain in her current affairs programme. She is interviewing Fernando Buenavista of the Instituto Español de Urbanización. He has just completed a survey into living standards in the country and comes up with some interesting results.

1   Which pointers have been used to gauge the levels of economic prosperity?

cost of living index   number of savings banks
levels of employment   rent
size of bank accounts   effect of tourism

2   Which factors bring down the overall position of Barcelona?

3   Which section is headed by Gerona? Why does it do so well?

4   Briefly outline the situation regarding sports facilities.

Information Retrieval

1   Listen to the statement about on-line information systems entitled *La telemática en el mundo moderno* and answer the following questions.

a) How have on-line systems developed and how do they operate?

b) List three possible uses.

c) What is Diane-Euronet?

d) How does VIDEOTEX operate?

2   The Council of Europe has signed an agreement designed to prevent the abuse of databanks. Listen to this outline and note down whether the points listed below are true or false.

a) Agreement signed in 1980.

b) Data may be kept indefinitely.

c) Data may normally be held in connection with the following:
   i race   iv nationality
   ii politics   v marital status
   iii personal views   vi police record

d) People cannot check entries on themselves.

e) These rules will not apply to:
   i social security   iv statistics
   ii monetary spending   v scientists
   iii military intelligence vi foreigners

Credit Cards

In this speech the Chairman outlines the position of credit cards in the Spanish finance system. Take notes and write a report of approximately 150 words detailing the level of use of credit cards both world-wide and in Spain. Comment on the potential for expanding business.

The following charts may be of value and are referred to by the speakers.

LAS TARJETAS DE PAGO EN ESPAÑA ([1])

Sistemas	N.º de tarjetas	Facturación (millones de pesetas)	Gasto por tarjetas (pesetas)
VISA	2.300.000	28.000	12.174
Mastercard	250.000	3.000	12.000
Eurocard	100.000	4.000	16.000
American Express	40.000	7.000	175.000
Diners	65.000	8.000	200.000
Grandes Almacenes ([2])	2.500.000	32.000	12.800
Total	5.255.000	82.000	15.604

(1) No se han contabilizado las tarjetas de garantía de cheques.

(2) El Corte Inglés. Galerías Preciados y Sears.

LAS TARJETAS VISA

	N.º de titulares (millones)	Volumen de transacciones (miles de millones de dólares)	Gasto por persona (dólares)
Mundo	89,6	43,4	484
Estados Unidos	61,8	27,7	448
Europa	10,9	6,8	624
España	2,3	0,4	170

(*Información Comercial Española* núm. 573)

Natural Wealth of the Andes

The Andes cover a range of more than 4000 miles along the west coast of South America and form part of the land area of most South American countries (including Santa Margarita, of course). Three capital cities are situated at altitudes of more than 8000 feet. The area is rich in minerals which have been exploited since pre-colonial times.

La explotación minera en los Andes

Listen to this extract from a lecture on the Andes and answer the following questions concerning mineral wealth.

1   Which minerals were worked before the arrival of the Spaniards?

2   What sort of deposits were there?

3   Outline the development of mining during Colonial times.

4   How important has foreign participation been since the 19th century?

América Andina como fuente mundial de minerales

Listen to this shorter extract and check the following points of information.

1   Note which of the following items are mentioned on the tape:

hielo	*platino*
zinc	*estaño*
sal	*cobre*

2   True or False?

   a) 10.7 per cent of the world's sulphur comes from the Andes.

   b) Bolivia, Colombia, Chile and Ecuador subsidise the production of sulphur.

   c) 16 per cent of the world's tin and antimony comes from the Andean region.

   d) As does exactly 10 per cent of its zinc and lead.

Selling Tractors

Two new tractors, the 2249 and the 1745, have just been put on the market by the company you work for. Initial customer response is good as may be gauged by this interview recorded with Sr. Eduardo Arroyo Seco who runs an agricultural equipment hire firm.

1   Listen to his views on the 2249 and answer the following questions.

   a) Which of the following pieces of equipment does he normally stock?

tractors	seed-drills
combine harvesters	earth movers
lorries	fertiliser spreaders
specialised trailers	irrigation equipment

   b) What else does he do for a living?

   c) Why did he choose the 2249?

   d) In what ways does he think its performance is superior?

   e) Is it good for towing equipment?

   f) Do his tractors get heavy use?

2   Rafael Huerta prefers the 1745 as he makes clear in this radio announcement produced by the Spanish subsidiary of your firm.
The tractor is due to be launched in English-speaking countries soon so, using this recording as a base, prepare an advertisement for the 1745.

3   The marketing director is interested in the interview with Sr. Arroyo and asks you to devise an advert, quoting what he says, for use in the company's sales campaign in Latin America.

INTERPRETING AND ORAL TASKS

A Record Year for Tourism

Support material for this task is to be found in the Teacher's Book.

You are in Spain gathering material for a college assignment project. Your theme is the Spanish tourist industry and you have arranged an interview with the chairman of the local Chamber of Commerce, Sr. Félix Beaje.

It has been a good year for tourism as this chart shows.

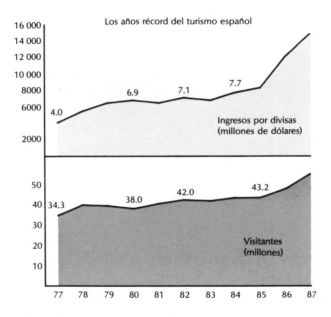

1 You want to ask the following questions:

a) What have the figures for tourism this year been?

b) Could competition from other Mediterranean holiday destinations affect Spain?

c) Why should tourism have done well this year?

d) What is the value of tourism in economic terms for Spain?

e) What needs to be done to keep things going well?

2   You have recorded the interview for future reference. A friend of your father's works in the travel business and would like to know what Sr. Beaje told you exactly. He is due to go to a travel conference in the next few days and you do not have time to write a transcript of the interview; so you take your cassette to his office to play back and interpret.

Wildlife Conservation

The tiny South American Republic of Santa Margarita is a haven for rare forms of wildlife. Charles Darwin himself must have regretted not visiting the area during the voyage of HMS *Beagle* in southern waters. His theory of evolution would undoubtedly have been influenced by observations of animals such as the Pata Sariva bird which flies upside down in the rainy season to keep its back feathers dry.

Santa Margarita was one of the first countries in the hemisphere to establish a national park (at Colas Altas) and it is fitting that the Sociedad Sanmargarina de Ciencias Naturales should be recognised world-wide as a leading entity in nature conservation.

This speech was made at the celebrations to mark the fiftieth anniversary of its foundation and you have been called upon to interpret on behalf of the International Press.

In Case of Fire

1   You have a vacation job as a tour operator's representative in the Pyrenees, working with people who come for walking and pony trekking holidays. It has been a particularly dry year and strict measures have been imposed to prevent the outbreak of fires in the local pine forests. (There have been some very bad fires and even loss of life.)

The manager of the hotel you are working from gives you the local equivalent of the Countryside Code and asks you to explain it to your party.

Medidas para evitar el riesgo de incendios

- No tirar cerillas ni colillas encendidas (ni siquiera desde el coche)
- Siempre apagar hogueras y no encenderlas debajo de árboles o entre matorrales
- Poner siempre la basura en su lugar, y no arrojar ni botellas ni vidrio (los rayos del sol pueden encender hierba seca, etc.)

Medidas de seguridad en el caso de incendio

A pie
- Bordear el fuego hasta encontrar un punto donde tenga menos fuerza
- Pasar a una zona ya quemada, a un claro o una carretera
- Nunca hay que huir ladera arriba, salvo que esté muy despejado o por una vaguada
- En caso extremo, hay que tirarse al suelo y cubrirse con tierra

En coche
- Cerrar las ventanillas, encender los faros
- Buscar una pradera o una zona sin vegetación o ya quemada

En todo caso avisar a las debidas autoridades
Municipalidad de Sant Josep

---

2   Several couples have booked into chalets some way out of town. The hotel manager has tried to explain to them what safety precautions they should take against forest fires but without much success – in fact his attempts at sign language have caused some misunderstanding.

Listen to what he has to say and pass on the information.

No Parking – No Plates _____

Scenario

You are in the Republic of Santa Margarita visiting a friend who has gone out there on a two-year contract to work as an adviser at the IPITEMA, a fisheries institute at Atoyac de los Ríos (see p. 143 for details). A friend has lent him a car and you have gone up the coast for the day to a well-known tourist attraction, the beach at Santa Eustaquia de la Ribera.

Unfortunately, your friend (whose only Spanish comes from a four-week intensive course) parks in a limited zone. The police therefore take off the car's number plates, a practice which obliges the driver to go to the police station to collect them and to pay any fine. However, neither of you have noticed that the plates are missing and you set off home.

Task 1
You are stopped on the highway by a motor-bike patrol: it is an offence to drive without number plates, as these are the only proof that the road tax on the vehicle has been paid.

Your friend's Spanish dries up so you have to interpret for him. Can you sort out the problem?

Task 2
The policeman asks you to follow him to the *comisaría* to collect your plates. The only problem is that the car does not belong to you and you cannot remember the registration. The policeman you spoke to on the highway has just left; the police chief is away until tomorrow and the man in charge clearly does not believe your story.

Can you convince him that the car is not a stolen one? And do stress that the car is insured for any driver.

You do not have your passport or driving licence with you but your friend does have his *brevete de extranjería* indicating that he is working in Santa Margarita under a technical aid scheme, sponsored by the Ministerio de Relaciones Exteriores, (quite a prestigious document to have).

Task 3
All you can do is to ring up the owner of the car, Capitán Mario Puertos, who also happens to be director of the IPITEMA. Can you break the news gently that you are being held by the police, that his car has been impounded and could he please come and collect you and confirm your story? Try to be persuasive as Santa Eustaquia is sixty miles up the coast and, of course, he has no car . . .

Fender Bender ———————————

Support material for this task is to be found in the Teacher's Book.

Scenario

You work as a marketing adviser for a major soft drinks manufacturer and have been seconded for twelve months to la Gitanita SA, a new producer setting up business in the Republic of Santa Margarita, and in which your firm has a 30 per cent interest. You have had your car shipped out and need to have it insured locally in the capital, Ciudad Central.

Task 1

Fill in your insurance form. It should be valid for 12 months and you want to be covered for third party, fire and theft plus accident repair. The premium will be 1870 sanmargarino pesos and liability will be limited to 10 000 pesos for material damage and to 15 000 for people. Remember to fill in all the details of the car: model, year, number of seats, registration number, serial numbers in case of theft and engine size (road tax in Santa Margarita is based on this).

POLIZA DE SEGURO DE RESPONSABILIDAD CIVIL DE AUTOMOVILES

NOMBRE DEL ASEGURADO

ESTADO CIVIL   PROFESION   EDAD

NO. DE LA POLIZA

DOCUMENTO DE IDENTIDAD   ARC

DIRECCION

FECHA DE SOLICITUD | DURACION DEL SEGURO DE LAS 12 A.M. | A LAS 12 P.M. | USO DEL VEHICULO | GRUPO | PRIMA
DIA | MES | AÑO | DIA | MES | AÑO | DIA | MES | AÑO | | | PESOS

CUADRO DESCRIPTIVO DE LAS CARACTERISTICAS DEL VEHICULO

MARCA   MOTOR   SERIAL

CILINDROS | MODELO | TIPO | CAPACIDAD | REGISTRO DE PROPIEDAD
| | | | INSPECTORIA | FECHA | NO.
OTROS DATOS   NO. DE LA PLAZA

LIMITES MAXIMOS DE RESPONSABILIDAD CIVIL   ESPACIO PARA USO INTERNO DE LA COMPAÑIA

POR DAÑOS A COSAS   BS   POR DAÑOS A PERSONAS

————————— DE —————————

CANCELACION

COBRADO POR | DIA | MES | AÑO   FIRMA AUTORIZADA

ESTE CONTRATO PARA TENER VALIDEZ, DEBE SER FIRMADO Y FECHADO POR EL COBRADOR O PERSONA AUTORIZADA QUE LO HAGA EFECTIVO

Task 2

Local traffic conditions leave something to be desired (like nerves of steel). With the elections coming up people drive on either side of the road to show their support for left or right-wing candidates (middle-of-the-roaders are unknown in this country). The number of street vendors waiting to trap drivers at traffic-lights means that it is rare to stop during the day, while recent cases of drivers getting mugged while waiting for the lights to change means that no-one lingers at night either.

Members of the expatriate community often take bets on how long it will be before a newcomer has his first accident, with odds-on being offered at 20 minutes. Not surprisingly, despite great care you have your first bump on the way home from the office on your *second day*. (Will the cost of repairs be offset by your winnings?)

You had just left the company car-park and turned right into Avenida de Las Américas when someone came out across the traffic flow and hit your left-side front wing. Damage is slight but the wheel arch is completely crumpled and you cannot drive the car as a result.

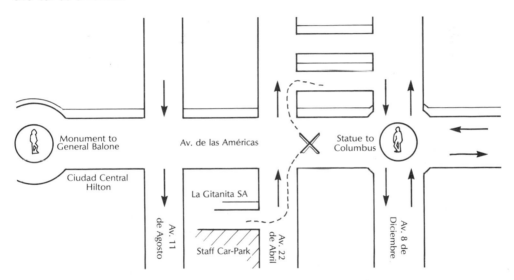

Now you can see why a claim form was enclosed with your insurance details (see Teacher's Book). Look at it and act on the following.

1   Get a witness.
2   Get details of the other car and the driver.
3   Explain your case to the policeman who was standing on the opposite corner when the accident happened.
4   Do not forget to fill the form in as you go along.

1 – A AUTOMOVIL	4 – H HOSPITALIZACION
2 – I INCENDIO	5 – RCP RESPONSABILIDAD CIVIL
3 – AP ACCIDENTES PERSONALES	6 – RO ROBO

Task 3

The crane arrives to tow you to the garage. It has taken two hours to arrive so you have had a chance to check through your insurance papers.

1   What do you have to do?
2   What must you not do?
3   Who do you need to inform?
4   Is it permitted to have the car towed away? Could you have the repairs sorted out on the spot?

CONDICIONES GENERALES

AVISOS:

ARTICULO 1°.—Todo aviso o comunicación que deba dar el Asegurado a la Compañía conforme a esta Póliza deberá constar por escrito y ser entregado personalmente o remitido por correo certificado a la Oficina Principal de la Compañía.

RECLAMACIONES:

ARTICULO 4°.—Al ocurrir cualquier accidente, pérdida o daño, o en el caso de cualquier reclamación, el Asegurado deberá dar inmediatamente aviso por escrito a la Compañía. Asimismo, deberá serle transmitido por el Asegurado, en el acto, toda carta, reclamación, notificación o citación que él reciba. También deberá el Asegurado dar aviso inmediato y por escrito a la Compañía de toda demanda, procedimiento o diligencia de que tenga noticia o conocimiento y que se relacione con cualquier acontecimiento que pueda dar lugar a reclamación de acuerdo con esta Póliza. En caso de robo, pérdida total, actos delictuosos o cualquier accidente que pudiera dar origen a reclamaciones de terceros, el Asegurado deberá dar aviso inmediato a las Autoridades correspondientes, a fin de dejar constancia escrita de las circunstancias en que se produjo el accidente. La Responsabilidad Civil a que hubiere lugar, solamente obligará a la Compañía cuando exista sentencia definitiva de la Autoridad Judicial competente que demuestre la culpabilidad o responsabilidad del Asegurado. El Asegurado deberá presentar a la Compañía copia certificada de la referida sentencia a los efectos de la indemnización correspondiente.

CONSENTIMIENTO DE LA COMPAÑIA:

ARTICULO 5°.—El Asegurado no podrá admitir ningún reclamo o responsabilidad ni hacer oferta, promesa o pago alguno sin el consentimiento escrito de la Compañía la cual tendrá derecho a hacerse cargo de la defensa del Asegurado o del ajuste de cualquier reclamación, así como indicar o seguir en nombre del mismo y para el propio beneficio de ella cualquier acción de indemnización de daños o perjuicios, sea contra quien fuere, con facultad de conducirla como ella lo estime conveniente y de efectuar cualquier arreglo, y el Asegurado le suministrará cuanta información o ayuda pueda requerir y otorgará los poderes que sean necesarios. El Asegurado no procederá a reparar el automóvil sin consentimiento de la Compañía.

Task 4

The other driver was not hurt but rings you up the following morning claiming that he has a headache as a result. (Your reply is that it only goes to prove he must have been drunk the day before.)

But you still have to put it down on the claim form, as you have spotted a clause in the small print about incomplete information.

Check it through. What does it say?

INEXACTITUD EN LA INFORMACION:

ARTICULO 2º.—Esta Póliza será nula y el Asegurado carecerá de todo derecho a indemnización si hubiere cualquier reticencia o información inexacta en la solicitud o si se hubiere omitido en ella cualquier dato acerca de aquellas circunstancias que, conocidas por la Compañía, pudieran haberla retraído de celebrar este contrato o haberla llevado a modificar sus condiciones, o a formarse un concepto diferente de la gravedad del riesgo; o si en cualquier momento posterior a la firma de la solicitud o a la expedición de la Póliza el Asegurado incurriese en cualquier reticencia o hiciere cualquier manifestación falsa respecto a cualquier circunstancia que afecte de un modo u otro, directa o indirectamente el concepto parcial o general del riesgo.

What next? Cross fingers and hope the claim goes through quickly.

A Place of Your Own _____

Renting a flat

Scenario

A friend of yours in Madrid rings to say that his nephew Alfredo is coming over to study English for a year. As he will be a beginner, though, can you help him sort out some accommodation? Naturally you agree to help.

Task 1

You meet Alfredo when he arrives at the airport. Find out more about what he will be doing, where he plans to live, what kind of place he wants, how much rent he can pay, etc.

Explain how people find accommodation locally.

s/c 2 bed flt for 2. Kit. & b. lnge. Furn.
Gas ch £350 pcm. 367–2268

Mod. s/c flts 1/2 bed ch 20 mins centre.
739–2724

1,2 & 3 bed s/c furn. Ftd cpts newly dec.
From £70 pw. 579–2080

Lux. lge sgle new b/sit with kit. £75 pw.
461–4169

Lux. furn. sgle b/sit. Close tube. £68.
940–3154

Dble b/sits sep. kits £85 & £100 pw. 748–1937

Task 2

Go through the local paper with him and explain what the advertisements actually mean. Then ring up to see whether the places are still available. Alfredo is worried about transport into the centre of town and whether there will be adequate heating in his room. Can you also check about deposits?

Task 3
Alfredo came round while you were out and left this note:

> Hasta ahora no hay nada. El primer sitio es muy Caro. El otro (cerca del ferrocarril ¿ te acuerdas?) es muy ruidoso. A ver si encontramos otra cosa. ¿No te parece? A.

So you take him to an agency. Help him with the registration card.

```
Name:                     Phone:
Address:
State kind of accommodation preferred:

house... flat... bed-sit...  sharing...

non-sharing...

Are you a smoker or non-smoker?
State preferred areas of town:
```

Task 4
The agency gives you these details and makes an appointment with the landlord.

```
Address: 56 Greenwater Gardens

Accommodation: Living room, bedroom, kitchen and
bathroom (with shower).
Access to garden.
No telephone.
Rent payable monthly in advance.  One month
deposit.
```

Go round the flat with Alfredo and the landlord. Then help sort out the details of the rent.

Trouble with the landlord

Look at the press notices on pages 18 and 19.

Ring your landlord to explain that the front of the house needs repainting and point out all the trouble you will have if nothing is done.

He is not keen on doing anything quickly. Explain why time is pressing.

You could arrange it for him and send him the bill; you might even do it yourself and deduct the cost from your rent.

(Would it not just be simpler to be out of town on Independence Day?)

Holiday Problems ⸻

Double booking

You have booked a holiday flat in Marbella but when you arrive you are astonished to find a Spanish family already there. It is obvious that there has been some mistake so you go to see the agent, Sr. Torres.

Task 1
Find out from the other family what they think has happened. Check of course that you have the right address and that they are not just the last visitors slightly behind schedule.

Task 2
Sr. Torres expresses regret but points out that he only received a provisional booking and that the confirmation (with the cheque) only arrived two days ago. Point out that the deposit was sent to the agent in England in plenty of time – luckily you have the receipts. Any fault lies with the agent not you and you insist on alternative accommodation. Naturally you expect the same facilities at the same rate . . .

A missed connection

You are *en route* home from the Republic of Santa Margarita. The first leg of the flight, to Panama, is held up by adverse winds and you miss your connecting flight to Miami. You report to the check-in desk anyway, to see what can be done.

Task 1
Give the check-in clerk your flight details and explain why you have missed your connection.

Ciudad Central	1400	Panamá	1800	Aerohispania
Panamá	2200	Miami	0030	Pan Am

Task 2

You could get out tonight but there is only space in first class. (Do you have a charge card? Does your company allow you additional credit in case of emergency?) On the other hand there is availability on flights tomorrow. (You could stay and do some sightseeing.) You should always make your onward reservation as soon as you arrive. (In smaller places or at peak times you could be stuck for days.)

Task 3

The carrier who brought you is responsible for your accommodation until the next flight is available. Go to the Aerohispania desk, explain the situation and ask what arrangements will be made.

Task 4

You are waiting for your flight to be called the next morning. Listen to this set of announcements and say what they are about. Which gate is your flight boarding from?

A last-minute holiday

A friend of yours has just come back from a holiday in Minorca. He is very enthusiastic about it and gives you the details of the man (Sr. Sánchez) who rented him a flat at a much lower price than you could get in an agency. So, as you have some holiday time owing to you, you decide to go away for a short break.

Task 1

Ring Sr. Sánchez. These are the details you took down over the phone from your friend:

> 3.000 ptas a day
> Sr. Sánchez Young-ish
> has 6 flats in Calle
> de los Alfareros
>
> Flats in ad.
> Part of Ciudadela
> Old Capital
> West side of island
> Tel . . . . 20 80 3154 .

Check when he has vacancies and ask about the price, any deposits, etc. Point out that you want to go as soon as possible.

Camera trouble

You are on holiday in Mexico when your camera goes wrong. You take it into a photographer's shop and, with the help of this bi-lingual instruction manual, try to explain what is wrong.

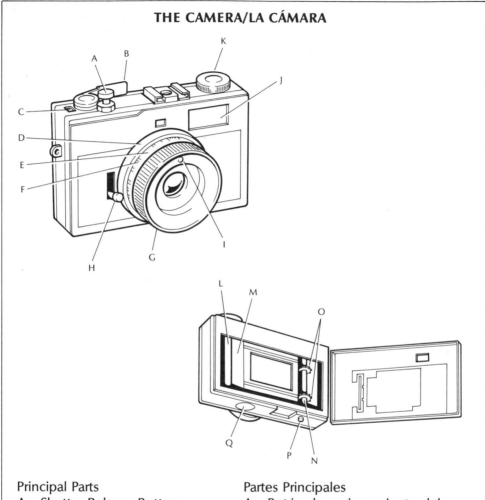

THE CAMERA/LA CÁMARA

Principal Parts		Partes Principales	
A	Shutter Release Button	A	Botón de accionamiento del obturador
B	Film Wind Lever	B	Palanca de arrastre del film
C	Film Counter	C	Contador de exposiciones
D	Auto/Manual Ring	D	Aro para la utilización de la cámara en forma manual o automática
E	Shutter Speed Ring	E	Aro para determinar la velocidad del obturador
F	Distance Scale	F	Escala de distancias

G	Focusing Ring	G	Aro de enfoque
H	Self-timer Lever	H	Llave para accionar el auto-disparador
I	Electric Eye	I	Ojo eléctrico
J	Rangefinder	J	Telemetro
K	Film Rewind Knob	K	Botón rebobinador del film
L	Film Rewind Spindle	L	Eje receptor del film
M	Film Chamber	M	Emplazamiento del cartucho que contiene el film
N	Film Take-up Spool	N	Emplazamiento en el cual se enrolla el film que se utiliza
O	Sprocket Teeth	O	Eje dentado de arrastre
P	Film Rewind Button	P	Botón para el rebobinado del film
Q	Electric-eye Battery Chamber	Q	Emplazamiento para la colocación de la pila de mercurio que acciona el ojo eléctrico

Task 1

You are not sure what happened – the camera may have been jolted on the bus ride to the Pyramids, it may have got damp during your boat ride at Xochimilco or it may just be wearing out.

These are the problems:
a The shutter is jammed
b The film will not wind
c The exposure meter will not work, so maybe the battery is flat.

Task 2

Unfortunately the man does not carry out repairs on the premises and so cannot repair your camera in less than a week.

Ask for directions to the workshop.

Task 3

You go to see the repair man. Explain to him that you are on holiday, your camera has gone wrong and you have a flight to catch tomorrow evening. (Actually it does not leave until the next day but do not let him know that – it gives you a bit of a safety margin.)

He is not very helpful; he says he has a lot of work, people always want things done urgently, tomorrow is his day off, etc. Do your best to persuade him.

What's Your Job Like? _____

You are planning to carry out a series of interviews with people in Latin America about their work, as part of a new magazine series.

Qualifications

Before setting out you write to various contacts explaining what sort of material you are looking for.

This is one of the replies you receive.

Caracas
28 de septiembre

Mi querido amigo,
Me gustó mucho tener noticias tuyas y me alegra saber que piensas visitar Venezuela. Con respecto al proyecto de entrevistas que mencionas en tu carta, conozco a un señor muy interesante, colega de un primo mío. Se llama Enrique Moreno y es muy conocido en los medios empresariales y hasta universitarios. Además dirige una oficina de consultoría gerencial y mercadotécnico. Me dice mi primo que opera en materias de selección y reclutamiento de personal a nivel gerencial. También es veterano investigador de mercados y de opinión.
Con todo, me parece la persona más indicada para ayudarte. Cuando llegues el próximo jueves le damos una llamada por teléfono y arreglamos la cosa.
Yo te recojo en el aeropuerto. Con el tráfico es posible que llegue tarde así que espérame allá ¿OK?
Un abrazo
Ricardo

You jot down some of the points you would like to raise with Sr. Moreno.

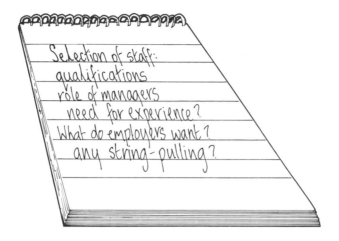

Selection of staff:
qualifications
role of managers
need for experience?
What do employers want?
any string-pulling?

The Oil business

You continue with your interviews in Venezuela; here, four people talk about aspects of their work in an oil company. Their responsibilities are varied but they each talk about their background and training, besides explaining what it is that they do and how they view their work.

The curriculum vitae of each employee is shown below and overleaf. Listen to what they have to say and pass the information on with as much detail as you can.

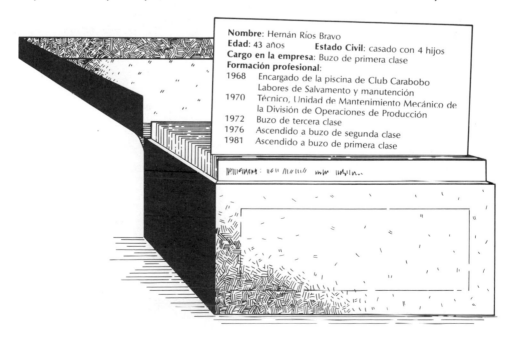

Nombre: Hernán Ríos Bravo
Edad: 43 años   **Estado Civil**: casado con 4 hijos
Cargo en la empresa: Buzo de primera clase
Formación profesional:

1968	Encargado de la piscina de Club Carabobo Labores de Salvamento y manutención
1970	Técnico, Unidad de Mantenimiento Mecánico de la División de Operaciones de Producción
1972	Buzo de tercera clase
1976	Ascendido a buzo de segunda clase
1981	Ascendido a buzo de primera clase

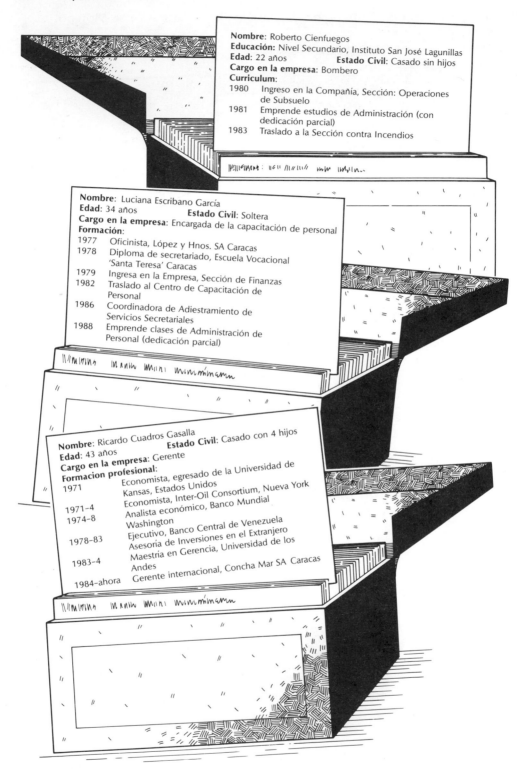

Nombre: Roberto Cienfuegos
Educación: Nivel Secundario, Instituto San José Lagunillas
Edad: 22 años   **Estado Civil:** Casado sin hijos
Cargo en la empresa: Bombero
Curriculum:
1980   Ingreso en la Compañia, Sección: Operaciones
        de Subsuelo
1981   Emprende estudios de Administración (con
        dedicación parcial)
1983   Traslado a la Sección contra Incendios

Nombre: Luciana Escribano García
Edad: 34 años   **Estado Civil:** Soltera
Cargo en la empresa: Encargada de la capacitación de personal
Formación:
1977   Oficinista, López y Hnos. SA Caracas
1978   Diploma de secretariado, Escuela Vocacional
        'Santa Teresa' Caracas
1979   Ingresa en la Empresa, Sección de Finanzas
1982   Traslado al Centro de Capacitación de
        Personal
1986   Coordinadora de Adiestramiento de
        Servicios Secretariales
1988   Emprende clases de Administración de
        Personal (dedicación parcial)

Nombre: Ricardo Cuadros Gasalla
Edad: 43 años   **Estado Civil**: Casado con 4 hijos
Cargo en la empresa: Gerente
Formacion profesional:
1971   Economista, egresado de la Universidad de
            Kansas, Estados Unidos
1971–4   Economista, Inter-Oil Consortium, Nueva York
1974–8   Analista económico, Banco Mundial
            Washington
1978–83   Ejecutivo, Banco Central de Venezuela
            Asesoría de Inversiones en el Extranjero
1983–4   Maestría en Gerencia, Universidad de los
            Andes
1984–ahora Gerente internacional, Concha Mar SA Caracas

Women at work

Your editor has sent you a telex asking you to collect a series of interviews with women, talking about what their work is like. It arrives on your last day in Latin America so you arrange to extend your stop-over in Madrid *en route* home.

The first is actually an industrial chemist, now in a senior post, who talks about the problems of discrimination in employment and how she has managed on her way to the top.

The second and third are secretaries to directors and senior executives; one enjoys her work but is worried about the future development of her career. The other, by contrast, is fed up, feels trapped and is tired of being treated as no more than an assistant.

The final recording is with the wife of a factory manager. She has hardly worked since their marriage but talks about the problems of being a company wife and the feeling that she has had to sacrifice herself to ensure his success.

You tape-record the interviews and when you get back home the editor wants to know exactly what they are saying – word for word (your editor is a slave driver. . .).

DOSSIERS

Sources of Energy ———————————

Translation

Diseño y funcionamiento de las centrales nucleares

Los reactores nucleares se construyen con dos fines fundamentales: para el desarrollo de investigaciones científicas y técnicas y para la producción de energía eléctrica. En el primer caso se trata de reactores generalmente pequeños, de baja o ninguna potencia. En el segundo caso, por el contrario, se trata de reactores llamados de
5   alta potencia. Todo reactor está formado de un núcleo, que es donde tiene lugar la generación de calor a partir de la fisión nuclear de un material que se utiliza como combustible, generalmente uranio 235 ó 238; un intercambiador, que se encarga de transferir el calor producido en el núcleo hasta una turbina, y un generador operado por la turbina, que produce la energía eléctrica.
10   En las centrales nucleares más comúnmente utilizadas, los tubos que contienen las pastillas de uranio radiactivo están alojados en un recipiente con agua y sometido a cierta presión. La reacción nuclear calienta esta agua a temperaturas muy elevadas; al mismo tiempo produce una gran cantidad de diversos elementos radiactivos (desechos líquidos, sólidos o gaseosos) cuya radiactividad dura desde algunas horas hasta 25 mil
15   años (como en el caso del plutonio). A estos elementos se les debe extraer del núcleo, transportar hasta un sitio adecuado y almacenar en depósitos subterráneos especialmente construidos (cementerios nucleares). Una bomba devuelve el agua ya enfriada a la vasija del núcleo, de tal forma que esta agua radiactiva sólo circula en un circuito llamado primario. Este circuito se encuentra cerrado herméticamente en un
20   caparazón blindado con hormigón, diseñado para resistir toda clase de temblores. En el intercambiador el agua proveniente de un segundo circuito, separado del primario, se vaporiza al entrar en contacto con los miles de tubos calientes por donde circula el agua radiactiva. Finalmente, para condensar este vapor se hace circular agua fría en un tercer circuito (enfriador o refrigerante), cuya fuente es precisamente el cuerpo de agua junto al
25   que se levanta la planta (el mar, un lago o un río).

90

Oral summary

Explain what this notice is complaining about.

A LA OPINION PUBLICA

La producción de energía y alimentos, dos problemas estratégicos fundamentales, son dos cuestiones claves en las posibilidades de desarrollo económico y social de México presente y futuro, que aparecen en el centro de la confrontación entre quienes por un lado promueven la dependencia científica y tecnológica de nuestro país, de acuerdo a los intereses de las grandes corporaciones transnacionales, y por el otro quienes promueven el desarrollo de una tecnología propia, de acuerdo a nuestras necesidades y posibilidades.

Los mexicanos contamos con un territorio muy rico en recursos naturales renovables y no renovables: bosques, selvas, recursos hidráulicos, zonas de riego y buenas tierras de temporal, mar, litoral y lagunas costeras ricas en especies alimenticias, suficientes reservas mineras para satisfacer un desarrollo industrial acelerado, además de petróleo y uranio. Sin embargo, esta inmensa riqueza no ha significado el ejercicio del elemental derecho al trabajo y a una vida digna de la mayoría de los mexicanos; esta riqueza se ha convertido en el botín de una minoría privilegiada: grandes empresarios ligados a intereses imperialistas, funcionarios corruptos y vendepatrias de toda especie. Afortunadamente este botín no ha consumido los recursos de que disponemos las mayorías para enfrentar el futuro. Pero la riqueza de los recursos naturales es y seguirá siendo riqueza en la medida en que los mexicanos sepamos decidir correctamente las dimensiones y los ritmos de explotación, así como la tecnología más adecuada para cosechar ese fruto.

En este sentido, preocupados por el contenido y el rumbo del desarrollo nacional, aceptamos la invitación que los trabajadores nucleares (SUTIN) han hecho recientemente a los sectores progresistas del país, para participar en la elaboración de alternativas de desarrollo científico-tecnológico independiente. En particular, respecto a la posibilidad de crear un CENTRO NACIONAL DE REACTORES para *investigación* en energía nuclear, pues nos parece que resulta fundamental desarrollar y dominar la tecnología de todo el proceso que implica la utilización de la energía nuclear, para lograr una línea de desarrollo independiente, pues ahí podrán formarse los recursos humanos necesarios para producir la tecnología adecuada en el futuro; que sea la fabricación nacional y adecuada para usufructuar nuestros recursos naturales del modo más sensato posible. Sabemos que la instalación de reactores nucleares involucra riesgos para el medio ambiente y el hombre, sin embargo existen sistemas de seguridad para evitarlos. En ello no habrá que escatimar costos, para garantizar absoluta seguridad.

No solamente los científicos y técnicos nucleares tienen un compromiso con el país, también los agrónomos, forestales, biólogos y, en general los ecólogos, tenemos una responsabilidad profesional a su lado, por cuanto podemos prever y en su caso evitar, que la explotación de un recurso *no renovable* —como es el uranio— cause la destrucción y pérdida de recursos *renovables,* que son con los que, en última instancia —y sabiendo cómo cosecharlos— podremos contar *siempre.*

La explotación de nuestros recursos energéticos tiene ya muchos años: se han construido decenas de presas para hidroeléctricas y se han abierto miles de pozos petroleros (ha crecido y se ha diversificado la industria y con ella toda clase y cantidad de desechos industriales), y nunca se han abierto realmente las posibilidades de debate público para que se realizara de forma racional el crecimiento de nuestra economía, particularmente para decidir cómo, cuándo, dónde y cuánto se explotarán los recursos.

Aceptamos pues la invitación al debate y al mismo tiempo creemos necesario participar en los estudios requeridos para decidir correctamente *dónde* y *cómo* debe asentarse el proyecto del Centro Nacional de Reactores. Demandamos la mayor seriedad y que se manejen con argumentos científicos comprobados los problemas e implicaciones de este asunto, para llegar a una solución correcta. No podemos confundir nuestra preocupación por preservar nuestro medio ambiente con el rechazo a la tecnología necesaria para nuestro desarrollo independiente y soberano.

Oral report

Study the chart below and then report on the possible applications of solar energy.

Usos potenciales de la luz solar

Calor de baja temperatura
(*menos de 150 °C*)
Secado de cosechas; invernaderos; calefacción y refrigeración de ambientes; destilación de agua; producción de sal.

Calor de alta temperatura
(*hasta 600 °C*)
Bombas para riego; motores pequeños, cocinas u hornillos solares; calor para procesos (seco o húmedo); generación de electricidad por generador de vapor.

Temperaturas muy altas
(*superiores a 600 °C – actualmente en etapa experimental*)
Hornos solares; fabricación de materiales raros y costosos; cerámicas; investigación de materiales.

Conversión fotovoltaica
Bombas para riego; fuentes de electricidad pequeñas (por ej., en boyas); artefactos domésticos de baja potencia (iluminación); centrales eléctricas aisladas; fuentes de electricidad en naves espaciales.

Conversión fotosintética
Combustibles sólidos (madera); combustibles líquidos (fermentación, pirólisis o hidrogenación de materia orgánica); combustibles gaseosos (digestión anaeróbica de vegetales); materias primas químicas.

Summary

Write a summary in English of this report in 250–75 words. It concerns the economic viability of solar energy.

Gastos y costos de la energía solar

La cantidad de energía solar que llega cada año a la superficie terrestre equivale a más del décuplo de los recursos probables de combustibles fósiles y de uranio del planeta y a más de 15.000 veces el uso anual de energía en el mundo entero. La energía radiante del sol ya puede aprovecharse, tanto para aplicaciones térmicas como para
5   transformarla en electricidad por medio de sistemas fotovoltaicos.

Sin embargo, la utilización comercial de este abundante recurso es otra cuestión. La energía solar tiene baja intensidad y su disponibilidad es intermitente. El abastecimiento de energía solar no coincide con la demanda de energía para fines térmicos (si no se incluye en éstos la refrigeración o el acondicionamiento de aire); en las latitudes
10 tropicales hay abundante radiación solar pero poca demanda de calor, mientras que en las regiones templadas los días son cortos en el invierno y el cielo cubierto reduce la cantidad de energía solar utilizable para calefacción o electricidad. Es indispensable encontrar maneras de mejorar la recolección de esa energía dispersa y su almacenamiento para que los sistemas solares resulten económicos.

15 Los usos indirectos de la energía solar incluyen el aprovechamiento del viento, de las olas y de los gradientes de temperatura en el agua de los océanos. Pero aunque existen enormes cantidades de energía, el potencial económico de esas formas energéticas secundarias consideradas a escala global, según puede preverse en la actualidad, es mucho menor que el de los usos directos.

20 Aunque ya se cuenta con amplia y variada tecnología solar, la mayoría de los sistemas se caracterizan por los costos relativamente altos del equipo de conversión y almacenamiento. La luz solar misma no representa costo alguno, de modo que los gastos de funcionamiento de tales sistemas son bajos. Por lo tanto, la cuestión económica consiste en establecer si el costo inicial mayor se justifica por el ahorro en el equipo
25 convencional y en los gastos de combustible durante un período razonable de tiempo.

Las medidas que tomen los gobiernos tendrán influencia en el avance de los sistemas solares, ya que los factores legislativos y fiscales afectarán las ecuaciones de costos. El apoyo gubernamental a la naciente industria de equipos solares también
30 puede contribuir a que se logren las economías del diseño y la producción a gran escala que son necesarias para reducir el costo de tales sistemas para el consumidor.

Reading comprehension

Study the drawing and read through the description. Then explain in your own words how the system operates.

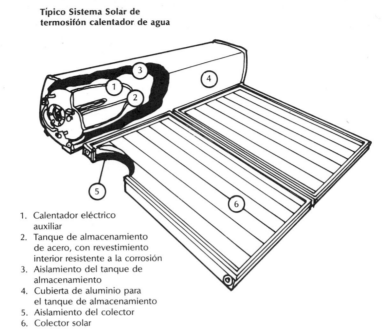

Típico Sistema Solar de termosifón calentador de agua

1. Calentador eléctrico auxiliar
2. Tanque de almacenamiento de acero, con revestimiento interior resistente a la corrosión
3. Aislamiento del tanque de almacenamiento
4. Cubierta de aluminio para el tanque de almacenamiento
5. Aislamiento del colector
6. Colector solar

Sistema solar para calentar agua

Cualquier superficie expuesta a la luz solar se absorbe y se transforma en calor. Si pasa por la superficie un medio de termotransferencia (aire, agua o fluido basado en aceite), ese intercambiador de calor extraerá el calor proveniente de la luz solar.

Un colector solar típico (ver la figura adjunta) consiste en una chapa de metal plana
5 con conductos para el fluido de termotransferencia. La placa está en una caja bien aislada, protegida de los agentes atmosféricos y cubierta en el frente por una o más planchas transparentes generalmente de vidrio.

La superficie absorbente, por lo común, es negra y mate para absorber casi toda la radiación incidente. La cubierta de vidrio impide que escape el calor por nueva radiación,
10 ya que es relativamente opaca a la radiación de onda larga (el llamado efecto de invernadero). También ayuda a evitar las pérdidas de calor del aire atrapado entre el panel y el vidrio. Tales pérdidas pueden reducirse colocando más de una cubierta de vidrio, aunque cada plancha extra reduce la cantidad de radiación que llega al panel. También puede usarse un vidrio especial no reflector.

15 La pérdida de energía entre panel y vidrio puede eliminarse completamente por medio de un vacío establecido entre los dos. Varias firmas de los Estados Unidos, Japón y Europa comercializan colectores tubulares al vacío que aprovechan la bien desarrollada tecnología de los tubos de luz fluorescente.

'Si al cielo subir pudiera, Llorona . . .'

The Wright brothers first flew on December 17th 1903, shortly before this patent was taken out; it is for a heavier-than-air machine, powered by an electric motor.

1   Comment on the underlying concept of the machine.

2   To what extent is the invention based on observations of birds in flight?

3   What would the chances be of it getting into the air? How would you rate the pilot's chances of survival?

4   Comment on the choice of vocabulary to describe what, for the time, was a revolutionary idea.

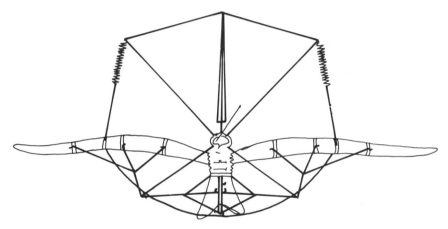

3542, provisional. Ricardo Gárate, *mexicano.—Guadalajara; Jalisco.—Febrero 25 de 1904.—Expediente 5341.*

Un aeróstato o máquina para volar.

La combinación para simular los movimientos, el peso, el tamaño con relación al área que abrazan sus alas; la forma del ala, que consta de una parte fuerte, a la cual van unidos los soportes del motor, y la parte débil provista de aspas, semejando las plumas.

Un contrapeso que hace las veces de la cabeza del ave, y se mueve para todos lados.

La cola o timón, que, movida a voluntad por el individuo, permite inclinarla más o menos; subirla o bajarla, según se quiera. Los dos círculos, vertical y horizontal, unidos por dos cuerdas que pasen por un carrillo ligero, colocado al frente y arriba del individuo, para conseguir, tirando la cuerda, que una ala se atrase un poco y la otra se adelante, para facilitar la vuelta.

En que los movimientos del motor eléctrico vayan en relación con los de las alas, es decir, que entre uno y otro golpe del motor haya el tiempo necesario para que el ala suba o baje sin forzarla, dándole el tiempo necesario y natural para no entorpecer los movimientos de ala.

En la cola que hace las veces de timón en los barcos, unida a otros movimientos, que son: el contrapeso, que se inclina al lado derecho, y el acto de tirar la cuerda que une los dos semicírculos.

Translation

1   Alcohol como combustible

La era del petróleo, dicen los expertos, se acerca rápidamente a su fin. Muchos países, industrializados y en desarrollo, se han dado de cuenta que no pueden basar en el petróleo el futuro desarrollo de sus agriculturas ni de sus economías. Y contamos ya con la alternativa del futuro: el gasohol. Su factibilidad técnica está demostrada por el
5   Programa Nacional de Alcohol del Brasil. En ese país todos los vehículos motorizados ya lo usan y el 20 por ciento de los vehículos fabricados allí funcionan sólo con alcohol. En los años 90 se espera que el 100 por ciento de los nuevos vehículos trabajen con alcohol puro.

¿En qué consiste el gasohol? Primero el alcohol puede elaborarse por fermentación
10   y posterior destilación, usando prácticamente cualquier materia que contenga carbohidratos: granos, malezas, rastrojos, paja y hasta suero de leche y basura de las ciudades. Puede usarse como combustible solo o mezclado con la gasolina en diversas proporciones (generalmente una parte de alcohol por nueve de gasolina) y así se forma el gasohol.

2   Destilación de alcohol

Hay diferentes grados de alcohol que aparentemente sirven para accionar los motores de combustión interna pero sólo uno puede usarse para preparar gasohol: el etanol o alcohol etílico anhidro 100 por ciento puro. Hay informes que indican en algunos países que se usa etanol del 96 por ciento para hacer funcionar motores a
5   gasolina y Diesel modificados. Este grado de alcohol puede producirse en pequeñas plantas de campo pero por su porcentaje de agua no puede mezclarse con la gasolina para formar gasohol. Mucha gente cree que el alcohol que se puede producir en estas plantas es apto para mezclarse con la gasolina; pero no es verdad. El grado de alcohol producido depende del número de columnas destiladoras usadas en el proceso.

Group discussion

Argue the case for and against using gasohol as a substitute for petrol.

Gasohol: ¿fantasía o realidad?

Ventajas	Desventajas
1 El alcohol se produce a partir de fuentes renovables de origen agrícola; eso abre un mercado nuevo y grandes posibilidades para los productos de la granja.	Un programa nacional para producir alcohol combustible requeriría grandes extensiones de tierra cultivable que, en la mayoría de los países, disminuiría la disponibilidad de tierras para otros cultivos.
2 Toda región agrícola del mundo cuenta con algún cultivo que podría utilizarse: caña, mandioca, trigo, maíz, remolacha azucarera, etc.	La producción de alcohol de fuentes agrícolas dependería de las variaciones de la naturaleza, como el clima. Y la producción a gran escala podría reducir el terreno disponible para alimentar a humanos y animales.
3 La producción local de alcohol para combustible permitiría a la mayoría de los países reducir la importancia del petróleo con los consecuentes ahorros de divisas. Además ganaría nuevas fuentes de trabajo y fortalecería la economía en general.	Fabricar alcohol todavía cuesta más que producir gasolina. Y en el caso de producir alcohol para combustible los países exportadores verían disminuidos sus ingresos de divisas a base de la exportación de los granos que serían destinados a la destilería.
4 El alcohol aumenta el octanaje de la gasolina de 3,5 a 4,5 octanos reduciendo así el 'cascabeleo' del motor. El gasohol reduce la emisión de monóxido de carbono de los motores de combustión interna. Rinde más kilometraje por litro y no contiene aditivos a base de plomo.	El uso del gasohol requiere atención especial en el área de la seguridad. Es sumamente volátil y puede acumular alta presión en el tanque —al abrir la tapa el combustible podría saltar. Y si el tanque va montado sobre el motor, como es el caso en muchos tractores, el motor caliente podría inflamar el gasohol y producir un incendio.

Using these points as a basis for further discussion arrange interviews with the following people:

1   *a technical expert*
2   *a government spokesman*

3   *an oil executive*
4   *a conservationist*

(Fuentes: Shell
Uno más Uno, núm 1242
Agricultura de las Américas Año 29, 7)
Patentes y Marcas. México 1904.

Safety at Work

Summary

New advances in technology can mean new health risks to staff. This news item looks at developments in visual display units (VDUs). Read through and explain what the problems are, how they are caused and what can be done to solve them.

Pantallas peligrosas

En los últimos años, con la aparición de las computadoras que trabajan con pantallas y con la proliferación en el mercado de procesadores de palabras y
5 máquinas electrónicas de mecanografía, se han registrado problemas muy diversos y poco anticipados. Hasta las compañías de seguros han afrontado un nuevo tipo de reclamos provenientes
10 de malformaciones de la columna vertebral, pérdida de la vista y problemas psicológicos producidos por el uso continuo de equipos con pantallas y sistemas electrónicos de mecano-
15 grafiado.

Los trabajos elaborados por universidades y centros científicos —contratados a raíz de la presión de los sindicatos y hasta los gobiernos,
20 además de las compañías de seguros— han cambiado la filosofía de diseño de las computadoras. Se ha popularizado la ergonomía, o sea el estudio de la reacción del cuerpo humano frente a
25 las variaciones del ambiente del trabajo, los equipos y el mobiliario, lo que se conoce en Estados Unidos como 'bio-técnica'.

Por ejemplo los estudios fisiológicos
30 de la visión han demostrado que la habilidad del ojo para distinguir detalles varía en forma muy marcada de acuerdo con los colores. Se ha descubierto que la sensibilidad del ojo es máximo para los colores amarillo y blanco, disminuye en 35
un 90 por ciento para los colores que van del rojo al verde azulado y bajan en un 75 por ciento para los violetas.

En el caso de la pantalla, la mayoría de los equipos tienen pantallas negras u 40
oscuras y el texto aparece en color blanco o verde. Estas pantallas suelen estar instaladas en sitios con alta luminosidad ambiental y normalmente los operadores copian de papeles 45
blancos con letras oscuras. El permanente cambio de la mirada del papel a la pantalla, el problema de reflejo de luces, significan que los ojos tienen que ajustarse constantemente a 50
la distancia, las diferentes imágenes y los diferentes niveles de luz.

Es por eso que muchas pantallas tienen la opción de trabajar en video reverso, es decir, fondo claro con letras 55
oscuras. Otro aspecto significativo es la definición, lo que significa la precisión y perfección con que los caracteres son presentados. He aquí dos aspectos de las mejoras técnicas para proteger 60
la salud y el bienestar del empleado en este sector moderno y hasta futurístico del trabajo.

Oral commentary

Compare the different outdoor and indoor noise levels given here and the relative noise levels at work and in the home.

EJEMPLOS DE NIVELES SONOROS		
EXTERIOR	**NIVEL DE RUIDO EN dB**	**INTERIOR**
Ruido del Concorde al despegar	120	Ruido en un taller con maquinarias (muy ruidosas)
Ruido del Concorde 6 Km. después del despegue	100	Ruido producido a pocos mtrs. de una represa
Nivel de Ruido...	90	**muy peligroso con 8 Hrs. de exposición**
Ruido a 30 Mts. de una autopista urbana (4.000 vehículos/Hr.)	80	Ruido de una herramienta
Comprensión difícil de...	70	**lo que dice una persona cerca de Ud.**
Circulación urbana	60	Sala ruidosa
Barrio residencial ruidoso (de noche)	50	Restaurante tranquilo
Urbanización residencial	40	Apartamento urbano (de día)
Barrio residencial tranquilo (de noche)	35	Apartamento tranquilo (de día)
Zona rural lejos de carreteras	30	Apartamento muy tranquilo (de día)
Zona rural de noche (sin viento)	20	Habitación muy aislada
	Calma... 10 absoluta	

Reading comprehension

1   You are working on a large order for safety equipment for a Spanish client. Some work has just come back from your translation agency and this sheet has fallen out from the pack. What are these instructions for?

1   Quite el seguro.
2   Sujete la manguera.
3   Oprima las manijas.
4   Dirija la descarga a la base del fuego.

2   The labels below are to go on fire extinguishers. There are three kinds of extinguisher in the order: CO_2 gas, foam-based and water-based. Which label should go on which type of extinguisher? (You don't *know*? Ask your safety officer!)

| *Tipo de fuego*
Basura
Papel
Madera | | *Tipo de Fuego*
Líquidos
Grasas
Aceite |

| *Tipo de fuego*
Equipo eléctrico |

Interpreting

Safety awards

You are with a group of American visitors at the San Lorenzo Refinery in Zulia State, Venezuela, on the day a presentation is to be made to mark the establishment's fine safety record. You are the only one with enough Spanish to know what is being said and naturally all the others want to know as well.

(Shell)

Oral report

1 You work for a firm that exports ergonomically-designed office equipment. Explain to your section head what this conference is all about and why you should go. (You should omit to mention the fact that Barcelona is playing its annual needle match with Real Madrid on the 29th . . .)

CAMARA OFICIAL DE COMERCIO E INDUSTRIA DE MADRID

CURSO DE ERGONOMIA

OBJETIVOS

Los asistentes al curso, a su terminación, serán capaces de desarrollar un plan de calidad de vida laboral, donde se tengan en cuenta el bienestar y la satisfacción del personal en cualquiera de las áreas empresariales, así como de crear un modelo ergonómico de adecuación hombres-máquinas.

PROGRAMA

— La Ecología laboral y la Ergonomía.
— — El hombre como centro del diseño de un plan ergonómico.
— — Protección, mando y control de las máquinas.
— — Horarios flexibles, turnos, fatiga, etc.
— — El confort ambiental y su relación en el rendimiento económico.
— — Medida y mejora de la calidad de vida laboral. Su incidencia en la productividad.
— — La formación del personal y el aumento de la calidad de vida laboral y el rendimiento económico.

CARACTERISTICAS

Lugar de celebración: Plaza de la Independencia, n.° 1.
Horario y duración: De 18,30 a 21,30 (dos días a la semana), en 42 horas lectivas.
Importe: 15.000 ptas. (Las empresas del Censo de la Cámara gozarán de una bonificación de 3.000 ptas.)

METODOLOGIA

Método activo con prácticas sobre supuestos reales. Exposiciones teóricas acompañadas de intercambio de experiencias entre los asistentes. Estudio de casos con vistas a un diagnóstico ergonómico y consiguiente elaboración de Planes de mejora de la Ergonomía dentro de la propia empresa.

PARA MAYOR INFORMACION DIRIGIRSE A:

CAMARA OFICIAL DE COMERCIO E INDUSTRIA DE MADRID
Departamento de Formación Industrial
Huertas, 11, 3.° derecha. Madrid-12
Tel. 429 31 93 (extensión 324)

2   Then you notice in *Comercio e Industria* that there is a trade fair on at about the same time. Does it cover your particular sector of the market?

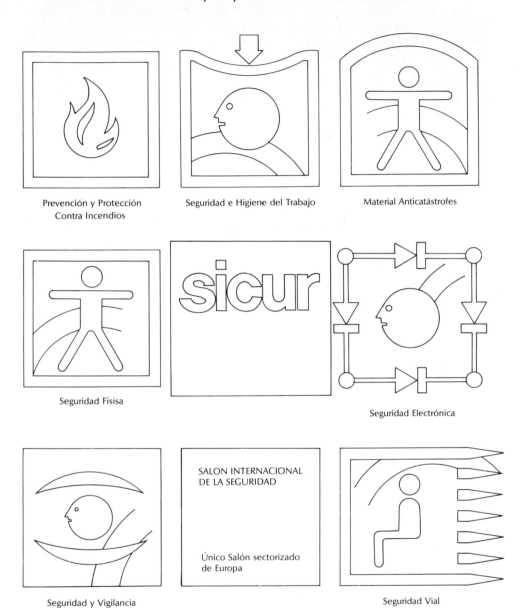

Prevención y Protección
Contra Incendios

Seguridad e Higiene del Trabajo

Material Anticatástrofes

Seguridad Físisa

sicur

Seguridad Electrónica

Seguridad y Vigilancia

SALON INTERNACIONAL
DE LA SEGURIDAD

Único Salón sectorizado
de Europa

Seguridad Vial

Madrid 23–27 febrero/recinto ferial de la casa de campo

Institución ferial de Madrid. Avda de Portugal s/n Madrid.

Fuentes:
Tópicos 491
Número Año 2 No. 73
Ambiente No 2 Año 6

Employment ————————————————

Reading comprehension

Read through the following passage and take notes. Lay them out along the lines of the section that follows.

Los empleos del futuro

¿Cuáles serán los empleos del futuro? Según las tendencias de los últimos veinte años y ante un planteamiento de desarrollo normal de la economía española, son varios los subsectores económicos que van a generar los puestos de trabajo en la España del año 2000. Posibles candidatos son los que siguen a continuación:

5
- Industrias de minerales no metálicos
- Material de transportes
- Telecomunicaciones
- Confección textil y cuero
- Hostelería, restauración y
10   esparcimiento en general
- Servicios (sociales, educativos, sanitarios y recreativos)

- Industria del mueble
- Construcción
- Comercio
- Alimentación y bebidas
- Papel y artes gráficas

En cuanto a los sectores que darán trabajo en el porvenir caben mencionar el sector textil, la confección y la artesanía. Podrán originar numerosos puestos, aunque su futuro
15 dependerá en gran medida del diseño. Será menester conseguir buenos diseñadores y es igualmente importante que se anticipen a la moda.

En el tema del empleo, las pequeñas y medianas empresas (PYME) podrán jugar un papel muy importante, ya que gozan de una mayor libertad de movimiento y una mayor facilidad de reconversión, circunstancias que le permitirán sobrevivir a la crisis si se
20 solucionan los actuales problemas de financiación.

La gran duda está en el papel que jugará en un futuro el sector público como generador de puestos de trabajo. La tendencia más generalizada en el mundo —y en España también— es que reducirá su actual volumen de empleo pero en el caso de España existen ciertas dudas, ya que todavía está muy lejos de haber alcanzado los
25 niveles óptimos en lo que a sanidad, servicios sociales y enseñanza se refiere. Lo lógico es que mantenga un cierto equilibrio, pues si la tendencia es de reducir el volumen actual de empleo en el aparato burocrático del Estado, éste se puede ver compensado por el desarrollo de lo que se podrían denominar servicios sociales, como los arriba mencionados.

Writing

The theme of employment in the future is continued in the following notes. Expand them into brief paragraphs following the style and layout of those in the last section.

Transporte ¿Automóvil o ferrocarril? Costes relativos. Transporte aéreo: posibles efectos de la crisis energética.

Telecomunicaciones Crisis actual. Influencia del Estado en el futuro: importancia patronal (Telefónica, RTVE, Ministerio de Defensa etcétera.)

Industria papelera Impacto del video cassette y del video-disco; (nivel de demanda futura de impresos). Necesidad de desarrollar una industria de recuperación de desperdicios.

Sector Servicios Absorbe actualmente el 50 por ciento de la población activa española: hostelería, restaurantes, espectáculos, esparcimiento, recreo. La industria del ocio: reducción de la jornada laboral, incremento de las temporadas de vacaciones.

Comercio Cambio de énfasis: tendencia actual hacia las grandes superficies y el autoservicio. En el futuro: pequeñas tiendas. Ventajas de la cercanía y los horarios. Posibilidad de crear empleo a tiempo parcial.

Listening comprehension

In this week's edition of 'En Este País' Lety Miranda interviews Enrique Blanco of the Instituto de Empresa, a professional body which is concerned with different aspects of business and the calibre of senior management in particular. Note down the points Sr. Blanco has to make about the qualities senior staff should display.

Decálogo del alto directivo

a) Con ganas, voluntad y entusiasmo
b) Inteligente
c) Enérgico
d) Tener tacto
e) Con capacidad de persuasión
f) Tener sentido del humor
g) Tener coraje, decisión
h) Optimista
i) Con creatividad
j) Buena presencia física y casado

1 This list of qualities appeared in a press item on what it takes to get to the top. Put them in order of importance and explain your reasons why (in Spanish, of course).

If you want to add to the list, feel free to do so.

2 Compare this list with the qualities mentioned by Enrique Blanco on the tape. To what extent do they overlap? Do they complement or contradict one another?

Listening comprehension

Expatriates

A friend of yours telephones to say that he has been offered a three-year posting to one of his company's subsidiaries in South America and asks whether you can tell him anything about prospects in the region for foreign executives. By chance you recently met a Spaniard who is responsible for marketing in a large company in Brazil.

This is what he said. Listen to the tape and work out what to tell your friend.

SOLICITUD DE EMPLEO

NOMBRE _____

DIRECCION _____

TELEFONO _____   FOTO

FECHA DE NACIMIENTO _____ ESTADO CIVIL _____

LUGAR DE NACIMIENTO _____ NACIONALIDAD _____

CEDULA DE IDENTIDAD _____ PESO _____ ESTATURA _____

NOMBRE DEL CONYUGE _____ NUMERO DE HIJOS _____

NOMBRE DEL PADRE _____ VIVE _____

NOMBRE DE LA MADRE _____ VIVE _____

DIRECCION DEL FAMILIAR MAS CERCANO _____

TELEFONO _____

NOMBRE DE FAMILIARES TRABAJANDO AQUI _____

REFERIDO A LA EMPRESA POR _____

TIENE VEHICULO PROPIO _____ MARCA _____ AÑO _____

VIVE EN CASA PROPIA _____ ALQUILADA _____ ALQUILER _____

(right margin: CARGO QUE SOLICITA / OTRA POSIBILIDAD / SUELDO A QUE ASPIRA / FECHA DISPONIBLE)

ESTUDIOS Y CONOCIMIENTOS

ESTUDIOS	DESDE	HASTA	INSTITUCION / CURSO	Se graduó
PRIMARIA				
BACHILLERATO				
ESCUELA TECNICA				
INCE				
ESCUELA PROFESIONAL				
UNIVERSIDAD				
POST-GRADO				
ULTIMO TITULO				

IDIOMAS

	HABLA			ESCRIBE			LEE		
	BIEN	REGULAR	POCO	BIEN	REGULAR	POCO	BIEN	REGULAR	POCO
ESPAÑOL									
INGLES									

EXPERIENCIA

NOTA:	TRABAJO	A B E	TRABAJO	A B E
MARQUE LOS TIPOS DE TRABAJO EN QUE HAYA TENIDO EXPERIEN-CIA, INDICANDO EL GRADO DE CONOCIMIENTO QUE POSEE.	SECRETARIA	☐☐☐	DISEÑO ELECTRICO	☐☐☐
	MAQUINAS CONTABILIDAD	☐☐☐	SUPERVISION	☐☐☐
	CONTABILIDAD GENERAL	☐☐☐	VENTAS	☐☐☐
(A) ALGUNOS (B) BUENOS (E) EXCELENTES	CONTABILIDAD DE COSTOS	☐☐☐	PUBLICIDAD	☐☐☐
	CAJA	☐☐☐	MERCADEO	☐☐☐
	ALMACEN	☐☐☐	VISITA MEDICA	☐☐☐
TRABAJO / A B E	PERFORISTA	☐☐☐	DEMOSTRADORA	☐☐☐
	VERIFICADORA	☐☐☐		☐☐☐
MECANOGRAFIA	PROCESAMIENTO DE DATOS	☐☐☐		☐☐☐
TAQUIGRAFIA	ESTADISTICAS	☐☐☐		☐☐☐
CORRESPONDENCIA	MECANICA	☐☐☐		☐☐☐
ARCHIVO	ELECTRICIDAD	☐☐☐		
OFICINA EN GENERAL	DISEÑO MECANICO	☐☐☐		

(Fuentes: Actualidad Económica)

Taxation _____

Written summary

Summarise the following text about the payment of taxes in 250–75 words.

El impuesto sobre la renta: ¿Quiénes tienen que declarar?

Todos los que hayan ganado más de 840.000 pesetas (precios de 1988) contando los ingresos de toda la familia (padre, madre e hijos menores de edad). No se consideran como ingresos para declarar los premios de la lotería, los ciegos (ONCE), las quinielas y los concursos literarios, artísticos o científicos, indemnizaciones por cese, despido,
5   traslado o derivadas de accidentes de trabajo, de enfermedad profesional o incapacidad permanente por enfermedad común.

Tambien puede declararse voluntariamente cuando se gana menos de 840.000 pesetas al año si el contribuyente piensa que Hacienda le ha retenido o ya ha pagado más de lo que le correspondía y tiene derecho a devolución en un plazo máximo de siete
10 meses.

¿Qué tipo de declaración?

La mayoría de los contribuyentes tendrán que utilizar el ejemplar de declaración simplificada. Corresponde a aquéllos que no hayan ganado más de 840.000 pesetas (reglamento de 1988) siempre que estos ingresos se hayan obtenido por trabajo
15 personal . . . Si es por otros conceptos o se ha ganado más de 840.000 pesetas hay que hacer la declaración ordinaria.

¿Cómo y dónde se paga?

Si la declaración resulta positiva puede presentarse y pagarse por varios caminos: por correo certificado, incluyendo cheque o talón cruzado al Banco de España extendido
20 a favor del 'Tesoro Público' o enviando un giro postal; a través de Bancos o Cajas de Ahorros autorizadas y, por último, en las propias Delegaciones de Hacienda.

Se puede fraccionar el pago en dos partes: el 60 por ciento al presentar la declaración y el resto hasta el 10 de noviembre. Si la declaración le da negativa envíela por correo certificado.

25 ### *La evasión legal o ilegal*

Hay muchos trucos pero Hacienda se los sabe todos. Sin embargo los inspectores revisan aproximadamente medio millón de declaraciones cada año. En algunos casos, como los de los artistas o profesionales como médicos o arquitectos, la táctica ha sido realizar 'inspecciones ejemplares', controlando al máximo equis cantidad de
30 contribuyentes para evitar posibles manipulaciones de ingresos. En cuanto a los artistas, varios han optado por nacionalizarse en un país 'fiscalmente blando' para evadir impuestos. Hacienda está estudiando esta situación, dado que muchos de ellos conservan siempre la nacionalidad española.

¿Y si no se declara?

35   Si se presenta tarde la declaración hay un recargo del 5 por ciento sobre lo que hay que pagar y una multa que puede ir de 100 a 15.000 pesetas. Si no se declara, cuando lo descubra Hacienda impone una multa de 100 a 15.000 pesetas por año no declarado y obliga al contribuyente a pagar lo que le correspondía por cada uno de esos años no declarados hasta un máximo de cinco.

40   Si ha hecho mal la declaración, Hacienda cobra la cantidad omitida más un recargo del 50 por ciento cuando se ha hecho sin mala intención y del 100 al 300 por ciento cuando haya habido fraude.

Discussion group

Using the information given below compare and comment on the ways in which people have been known to attempt tax evasion.

Tipo de evasión	Táctica	Comentarios
1 Ocultar ingresos	Poner menos sueldo del que se gana. Omitir los trabajos extras, pluriempleos y otras *chapuzas*.	Más difícil para el que trabaja por cuenta ajena. Pero casi imposible controlar las profesiones liberales (médicos, dentistas, arquitectos, notarios) y artistas (actores, escritores, cantantes).
2 Inflar o inventarse gastos deducibles	Aumentar los gastos de enfermedad. Inventarse un donativo. Falsificar la prima de un seguro de vida. Retocar las facturas.	Si uno ya tiene talento como falsificador mejor falsificar billetes de mil pesetas (un trabajo sin declarar, claro).
3 Equivocación sistemática	Cambiar las cifras u olvidarse de poner un cero.	El ordenador detecta fácilmente estos lapsos. A veces el cambio es tan descarado que no se lo va a creer nadie.
4 Incrementar las deducciones	Inventar hijos o resucitar padres muertos.	La población española va a aumentar desproporcionalmente durante la época de recaudación de tributos ...
5 Incluir inversiones —que dan derecho a deducciones— y luego desinvertirlas	Comprar deuda pública o acciones de Telefónica, por ejemplo, para venderlas luego sin revelar este hecho en la siguiente declaración.	Con estos ejemplos se puede beneficiar en un 20 y 22 por ciento respectivamente.
6 Deducir gastos no deducibles	Poner como gastos deducibles los de transporte, viáticos, facturas de hoteles, compra de muebles, colegio de los niños.	Un riesgo. Si se lee el Cuaderno de Instrucciones es obviamente incorrecto.

7 Deducir un porcentaje más alto del permitido

Sólo podrá deducirse el 15 por ciento de los gastos de enfermedad y primas de seguros o el 5 por ciento de los gastos abonados a profesionales.

Se necesita un comprobante por escrito y existe ya una deducción global de 10.000 pesetas por estos conceptos.

Listening comprehension

Lety Miranda looks at the tax system and takes on the Minister responsible in this edition of 'En este país'. Listen and then compare the views expressed by the Minister and by the other person interviewed, a café proprietor.

Interpreting

You are on the bus going from Valencia to Barcelona with a friend of yours who works for the Tax Office at home. You get into conversation with a gentleman who is complaining about the effect the modern tax system is likely to have on him. Your friend is intrigued and, as he does not speak Spanish, asks you to tell him what the gentleman is saying.

(*Fuentes: Cambio 16* núm. 496
Actualidad Económica 1159, 1161)

A Question of Confidence _____

Oral summary

Knowing your rights

1 Consumers are being advised to follow these guidelines when dealing with garages. You have just seen this pamphlet and a friend of yours is about to take her SEAT in for a service. What advice can you give her?

Consejos para los usuarios sanmargarinos

Talleres de automóviles.

1 Es obligatorio poner un símbolo para identificar a la vista la especialidad que se ofrece; electricidad (un rayo), mecánica (llave inglesa), lavado y engrase (una ducha) etcétera.

2 Los símbolos deben indicar también la categoría del taller: una estrella, dos o tres estrellas (máxima categoría).

3 El cliente debe solicitar un presupuesto antes de proceder con la reparación del vehículo.

4 Se debe exigir además lo siguiente:
   a) una garantía escrita del período que el taller prevé que puede durar la reparación.
   b) que se muestre cualquier pieza que sea sustituida.
   c) un certificado con cualquier pieza original, indicando si viene con garantía y por cuánto tiempo.

5 En todo caso, para facilitar la expresión de cualquier descontento, se puede reclamar en las hojas de reclamaciones. El cliente debe guardar la factura para tener constancia del más mínimo detalle, y poder mostrar cuánto se ha pagado por la mano de obra y las piezas de recambio.

Exige tus derechos   La ley te protege

Expedido por la Organización de Consumidores y Usuarios de la República de Santa Margarita.

2   What are these letters of complaint about?

El Pueblo denuncia

El día 13 de julio me encontré con mi familia en Tamariú y en un bar pedimos dos bolsas de patatas fritas. Entre las varias cosas que me llamaron la atención de estas patatas fue lo siguiente: que su contenido fuera tan escaso; que costara 40 pesetas cada bolsa; que a pesar de ser una casa fundada —según relata— en 1938, no tenga Registro de Sanidad; y para colmo, que el peso aproximado venga borrado.
**Josep Muntaner,
Barcelona.**

Le envío un medicamento para que tomen nota de una práctica bastante corriente en el etiquetado de este tipo de productos. En la parte superior izquierda se aprecia, bajo la inspección del nombre del medicamento y capacidad del envase y laboratorio fabricante, una pequeña pegatina con una letra seguida por un número seguido de seis cifras. A la derecha de este conjunto hay una pequeña tira de papel con el precio (350 pesetas). Se puede apreciar la sorpresa desagradable que tuve al notar que debajo de la pegatina figura una inscripción con lo siguiente: *Pesetas 200.*

A la vista de todo esto me pregunto lo siguiente: ¿puede haber sido el propio farmacéutico? ¿O el laboratorio fabricante? Pero ¿hasta qué punto es legal una subida del orden del 25 por ciento? Esta subida les producirá unas sustanciosas ganancias en un artículo fabricado *a precio antiguo.* ¿Cuándo se va a exigir que el precio de venta al público (PVP) vaya directamente impreso sobre la caja para evitar tales abusos? ¿Qué podemos hacer los consumidores? **Carmen Desamparado, Madrid.**

(*Defensa del Consumidor* núm. 30)

Writing

A letter of complaint

Write a letter to the manager of the Restaurante El Pan to complain about the service you received yesterday evening. The food was poorly cooked (the soup was cold, etc.) and badly served; the restaurant was dirty too.

Point out that as a tour guide you know that customers will object and that they should try to improve their image.

Useful words and phrases:

la comida fría/mala/de mala calidad
el personal desatento/perezoso

quejarse de/reclamar/hacer una reclamación
el libro de reclamaciones
conservar/presentar una imagen positiva/negativa
cuidar/tener cuidado

en el futuro/en lo sucesivo
volver a/repetirse
aconsejar/un consejo

At-sight translation

Who can you bank on these days?

A banking crisis was triggered off in the early 1980s in Spain, allegedly because of a number of ill-advised policies ranging from banks holding insufficient reserves to them putting unrealistic assessments on property values. At one point *La Vanguardia* thought it prudent to print a list of banks that had been in trouble. Read through the following extracts and translate at sight.

Banco Meridional El grupo Guide, que controlaba la entidad, cede en abril de 1978 el 80 por ciento de las acciones al Banco de España a precio simbólico. Los accionistas restantes perdieron más tarde el 90 por ciento del capital. En junio de 1981, Banco de Vizcaya compra el banco en subasta.

Banco de Valladolid Entra en crisis a finales de 1978. El 70 por ciento de las acciones se vende por una peseta al Banco de España. Luego se realiza la operación acordeón que rebaja el nominal de las acciones en un 50 por ciento. A comienzos de 1981 se convoca subasta y ante la falta de ofertas por parte de la banca privada española, la adjudicación recae en el único postor, el gigante británico Barclays. Por vez primera un banco reflotado con recursos públicos pasa a poder de un banco extranjero.

Banco de los Pirineos En el mes de noviembre de 1981 el Banco de España interviene y nombra varios administradores. El 7 de diciembre siguiente se presenta la suspensión de pagos con un pasivo de 6.000 millones. Es la primera vez en varios lustros que una entidad bancaria cierra sus ventanillas y se declara en insolvencia. El Fondo de Garantía hace efectivo hasta millón y medio de pesetas por depositante.

Listening comprehension

The Republic of Santa Margarita has had more than its fair share of problems with its banking sector in the wake of the debt crisis. The Caja de Ahorros Popular was one of several banks to collapse leaving its many small depositors largely unprotected. A large proportion of them were from the economically depressed province of Suspiros which suffers from persistent drought.

Listen to these interviews recorded just after people had heard the bad news. Pick out the information relevant to the chart below.

	Mercedes	Cristóbal	Marisa
Personal details			
Family situation			
Amount saved			

A Case to Answer ──────────

Oral summary

'It is whom you know, not what you know' is a phrase which can be true the world over. Using influence to get a job for oneself, one of the family or a political ally is known variously in Spanish as *palanca* or *enchufe*. It can lead to allegations that staff have been appointed because of their connections rather than their qualifications, or because of their social and not their professional skills.

Profesional sin padrino

This letter comes from a chemical engineer who claims that he was unfairly dismissed because of a change in political circumstances. Read it and explain what his complaint is about.

Señor Director

Permítame luego y abusando de su generosidad tenga a bien publicar en su sección Cartas la presente misiva que da a conocer el desamparo en que nos encontramos los profesionales ingenieros en la Empresa Procesos Químicos del Estado SA (PROQUIMESA).

Soy un ingeniero con más de ocho años de servicios con la compañía. Mi queja es por el desamparo en el que nos encontramos los profesionales que a base de sacrificio y esfuerzo logran ocupar un cargo respetable y con responsabilidad; luego, sin existir negligencia alguna, son subrogados. Esto se debe, aunque cueste creerlo, a la política reinante en nuestro país.

Con la venida del régimen demo-crático a nuestra amada patria vino también el acomodo político en todas las empresas. Nosotros los verdaderos profesionales fuimos despojados de nuestros puestos de la noche a la mañana, de puestos que habíamos ganado a base de trabajo, superación, estudios y muchas veces a base de mucho sacrificio. En nuestro lugar se ubicó a personas carentes de todas estas cualidades y en muchos casos sin estudios secundarios concluidos. Tan sólo funcionó el compadrazgo y la camaradería. Puro enchufe a fin de cuentas.

Esto es lo que nos pasa a nosotros los profesionales que no tenemos 'padrino' y no tenemos gremio alguno que nos defienda. Yo sólo solicito que se proceda legalmente, que no nos despojen de los puestos que hemos alcanzado, que nos recompensen en forma debida y que no pisoteen nuestra dignidad que es lo único que hasta ahora tratamos de mantener.

Atentamente

Angel Reyes Coronado
Ing. Químico Reg. 25183
La Concepción

Discussion group

A job coming up for an up-and-coming man?

You are the personnel officer for Empresa Nenhuma, a subsidiary of a multinational company in Santa Ximena, a large provincial city in the Republic of Santa Margarita. One morning your office door happens to be open and you overhear an argument between two of your staff concerning an appointment due to be made in the Accounts department. You catch the name 'Hugo Vara' whose letter of application is still on your desk. He seems quite suitable, so what is the problem? And why should they mention the two main political parties in the country? You know that elections are coming and that the *apelinos* (Alianza Popular Liberal) will try to oust the ruling *udepistas* (Unión Democrática Popular). You are intrigued and listen in to the argument.

You get back from lunch at 5.30 and are surprised to receive a visit from the financial director, Pedro Maldonado. Even more surprising is the fact that he wants to discuss the appointment in Accounts, which is for a young graduate, and the name of Hugo Vara crops up again.

Below is an outline of the discussion. Your view is that his application is one of nearly sixty received so far and the closing date is not for another week. You cannot take a decision on your own anyway and you have already arranged a meeting with the head of that section to discuss the short list. Dr Maldonado is a very senior man and seems quite insistent. What are you going to say?

Razones a favor	*Razones en contra*	*Respuesta*	*Contra-respuesta*
Contador. Con título universitario.	No ha mandado certificados. ¿Terminó la carrera?	Asistió a la Facultad de Contaduría. Son 4 años. Una universidad muy buena.	Pero no dice claramente que completó todo el plan de estudios.
Tiene 26 años. Lleva dos años trabajando. Experiencia que cuenta.	No es un trabajo pertinente. Se busca experiencia comercial.	Una familia muy adinerada. Mucha influencia. Muchas inversiones.	Falta de conocimiento práctico de la administración de empresa.

A call comes in for Sr. Maldonado. Your secretary comes in with coffee and whispers that Hugo Vara comes from a big udepista family and that Sr. Maldonado has been tipped to become the new finance adviser to the government if the UDP gets in again at the next elections . . .

Es de Santa Ximena. **Muy** conocido. **Una** familia buena.

Relacionado políticamente, sí. Pero ¿qué pasa si hay cambio de gobierno? Es una familia udepista, ¿no?

Consecuencias positivas para la empresa. A fin de cuentas no es un puesto muy significativo en sí. La familia agradecida. Ayuda mutua.

El puesto anunciado en el periódico. Plazo para responder de 21 días. No vence por una semana más.

Un muchacho muy formal, muy serio. Le conozco bastante bien. . . . .!

Translation

Ministro acusado de corrupción

Santa Fe, septiembre 30. – Fuentes bien informadas señalaron el día martes que Alberto Dorado, Ministro de Hacienda, había sido puesto a la disposición de una comisión que investiga un presunto fraude por cinco millones de dólares. Dorado fue acusado de comprar unos terrenos propiedad del Estado para construir un conjunto habitacional. El funcionario se defendió alegando que ése había sido un requisito impuesto por el BID, institución que financia la obra, y que desmintió lo anteriormente declarado.

Al día siguiente el Procurador de la República señaló que el presidente mismo es la persona más directamente implicada, alegando que él había autorizado la compra. En la prensa se ha denominado este caso como 'Charcogate' en virtud de que los terrenos motivo del fraude son verdaderos pantanos en los que es imposible construir viviendas.

Listening comprehension

Backhander

Licences to import goods into Spain are arranged via the Ministerio de Comercio. There are frequent comments in the Press to the effect that the system is slow and restrictive. To a certain extent this is deliberate policy where imports of particular commodities (or imports from particular countries) are concerned. However, it has been alleged that the system also lends itself to corrupt practice, with licences being acquired unofficially, depending on factors such as the country involved or the perishable nature of the goods awaiting shipment.

This recording is based on a police transcript of a telephone conversation concerning the unofficial importation of hi-fi equipment from the Far East.

Listen and take notes. Then outline the terms of the deal on offer and comment on the way in which the negotiations are conducted.

(*Fuentes:*   *Comercio Exterior* 31–10
                   Cambio 16 núm. 519
                   Empresa Nenhuma, Santa Ximena
                   El Espectador de Santa Margarita)

TASKS

Bucaraganga: Incentives for the Foreign Investor

Scenario

You work for the Economics section of a major bank. Your main job is to scan the foreign press looking for information that might be of use to the bank's clients and to compile regular reports and updatings.

You spot a news item in *Comercio e Industria*, the newspaper published by the Spanish Chamber of Commerce, announcing that the Republic of Santa Margarita is setting up a free-trade zone at Bucaraganga on its southern coast.

Task 1

Your section head asks you to find out why Spain should be interested in developing trade with Santa Margarita. Base your reply on this extract.

El mercado sanmargarino es uno de los potencialmente más interesantes para la inversión y el comercio exterior de España. Aunque la República de Santa Margarita ocupa el 23mo. puesto en importancia entre nuestros proveedores latinoamericanos es uno de nuestros mejores clientes. Los intercambios hispano-sanmargarinos han totalizado más de 500 millones de pesetas de importación y 10.250 millones de exportación como promedio en los tres años anteriores, lo que supone un saldo de la balanza comercial a favor de España de casi diez millones de pesetas.

Sin embargo la inversión de España en Santa Margarita es la más baja en relación al resto de los países latinoamericanos, habiendo sufrido incluso una disminución el último año: 66,87 millones de pesetas frente a 97,55 millones, lo que supone el 0,30 por ciento y el 0,40 por ciento respectivamente del total de la inversión directa española en América Latina.

En un discurso pronunciado ante la Cámara de Comercio española en la sede de gobierno de esta criollísima república el ministro de comercio sanmargarino, el Dr Carlos Kaufmann Mercadal, confirmó la política expansionista de su gobierno y su deseo de fomentar las relaciones con otros países aunque —agregó—: 'no es nuestra intención dar marcha atrás y permitir el retorno a un neocolonialismo extractivo ni explotativo. Lo que queremos son acuerdos bilaterales y programas de inversión en provecho mutuo con el respaldo directo de entidades bancarias y gubernamentales'.

En respuesta a la lógica pregunta sobre los fondos disponibles para la inversión en una época de crisis bancaria, hizo mención este insigne economista latinoamericano de la formación de la Zona Libre Pietro Perduto —que entrará en vigor el próximo 22 de abril— como una declaración del principio de apoyar al inversor extranjero con incentivos y facilidades.

Fuentes bien informadas indican también que la inminente publicación de datos que indican yacimientos considerables de uranio en Monte Impacto podrían explicar el optimismo del Sr. ministro.

Task 2

Your enquiry to the local Sanmargarino Consulate produces this report on last year's trade balance. Be careful – are there any contradictions with the report on page 117? Write up the report in chart form for easy reading, with footnotes where possible.

Si examinamos la balanza comercial vemos que hay un incremento en las exportaciones agrícolas del 9,5 por ciento sobre el año anterior, teniendo que decir que las exportaciones se vieron afectadas por efectos climatológicos adversos y el terremoto en la provincia de Cumbres Borrascosas.

5   La exportación de conservas se mantuvo a niveles similares y en los productos frescos un ligero aumento en la exportación de productos que tradicionalmente se han suministrado a España.

En el capítulo de materias primas se notó un descenso importante de las exportaciones de petróleo y sus derivados, debiendo decir que la cifra fue menos alta

10   que la esperada debido a la huelga.

Se produjo un aumento general en las importaciones de productos químicos y plásticos sobre todo.

En lo que se refiere a materias manufacturadas ha habido en general un descenso que se ha visto compensado con el ligero aumento en el grupo de maquinaria y material

15   de transporte. En el caso de equipo y material de oficinas hay que hacer notar que en este grupo se incluyen los ordenadores, producidos bajo licencia.

En cuanto al potencial de las exportaciones hay que decir que en el capítulo de la agricultura se debería seguir con una línea de incrementos en los productos tradicionales tales como algodón, café, plátanos y cacao. Nuestra República tiene una

20   ventaja estacional por la competencia que hacemos los países del hemisferio sur durante la temporada fría del hemisferio norte.

En relación a los vinos, la considerable mejora tecnológica y promocional de nuestros vinos debe reflejarse más todavía en las exportaciones, habiendo llegado incluso a unos niveles en los que hay que ganar cuotas de mercado y hacer la

25   competencia a los suministradores tradicionales a Europa, que son Francia, Italia, España y Alemania, aprovechando, por ejemplo, el cese del comercio anglo-argentino en este renglón tras la guerra de las Malvinas.

La penetración de los productos sanmargarinos en los países europeos debe llevarse a cabo de forma más racionalizada. Las posibilidades que existen a mediano y

30   largo plazo deben de desarrollarse ya, para lo cual es prioritaria la mejora de las redes comerciales de las empresas sanmargarinas en el exterior. Es menester sobre todo realizar un esfuerzo en la interpretación de la demanda del consumidor extranjero con objeto de poder ofrecer en la medida de lo posible lo que se pide en ese mercado.

Task 3

Our local trade representative responds to your telex enquiry with the news that the trade zone has recently opened. He sends you the text of the inaugural speech given by the director of the *Zona Libre Pietro Perduto*. Does it contain any useful information?

Sr. Presidente de la República, Excelencias:

En nombre de la Asociación de Usuarios de la Zona Libre Pietro Perduto me es muy grato extender una bienvenida muy cordial no sólo a nuestros invitados de honor sino también a los nuevos socios de la Asociación de Usuarios de esta Zona Libre que lleva el
5   nombre del famoso explorador y comerciante veneciano, Pietro Perduto, el primer europeo que pisó estas orillas hace casi cinco siglos.

Este momento clave en nuestra historia nos enseña la importancia del comercio para romper las barreras internacionales, buscar aventuras y nuevas formas de vivir. Es oportuno recordar el puesto clave del comercio en esa época del expansionismo
10   europeo. Y conviene recordar también que en la época moderna el comercio no representa ya una actividad unilateral dominada por las potencias coloniales. La explosión tecnológica ha creado nuevos productos y nuevas demandas. La explosión demográfica ha creado nuevos mercados y nuevas demandas. El comercio entonces representa la forma más adecuada de hacer frente a los cambios sociales y, además,
15   ofrece nuevas posibilidades para crear mejores enlaces internacionales, siempre y cuando se acepte que éstos deben tener una base justa y equitativa.

Si entendemos esas apreciaciones concederemos a nuestra Zona Libre un mayor interés y cuidado cada día, esforzándonos todos para hacerla cada vez más eficiente, atractiva para los ojos del Comercio Internacional y para desarrollar nuestra Patria,
20   incorporando el esfuerzo de nuestra comunidad comercial al desarrollo social. ¡Esa sí es tarea de todos!

Señor presidente y demás miembros de la nueva Junta directiva de la Zona Libre. Los gerentes, los directivos y empleados de esta nueva organización les ofrecen la más calurosa felicitación en este día y les reiteramos nuestros sinceros deseos de que este
25   ejemplo último de la iniciativa nacional alcance el mayor de los éxitos.

¡Sigamos trabajando con Paz y Progreso!

Gracias.

Task 4

There is to be a major export drive aimed at Santa Margarita and led by LATAG (the Latin American Trade Advisory Group). The project leader has prepared a speech on prospects for trade between the UK and the Republic of Santa Margarita but it needs some extra data and the Spanish will need final polishing.

Using the notes below and overleaf and drawing on the documents you already have on file, produce the finished work.

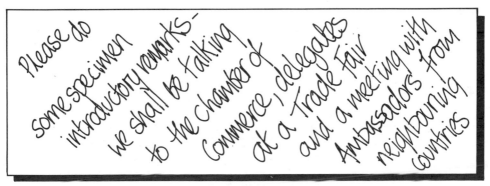

Please do some specimen introductory remarks — we shall be talking to the Chamber of Commerce, delegates at a Trade Fair and a meeting with Ambassadors from neighbouring countries

```
Background to current trade with Latin America

Current situation

History of UK-San M. trade-building of the railways in C19, control of
harbour installations at Puerto Hundido on the Golfo de Bahía Grande
till nationalisation in 1948.

Opportunities for joint investment - what have we got to offer them
What have they got to offer us?!

Development packages.  Aid projects?
```

This copy of a speech given by a local industrialist at the Chamber of Commerce in
Ciudad Central last June may give you some inspiration. It gives some idea of what
could be traded and also shows what local interests perceive as being the strong
points in the market.

Sres. delegados

Me referiré brevemente a la composición de nuestro comercio con ultramar.

En lo que respecta a las exportaciones sanmargarinas es interesante comparar su
composición actual con la existente hace diez años. En este período, no demasiado
5 largo, el cambio ha sido radical. Los productos agrícolas que en 1980 representaban el
60 por ciento de la exportación total, fueron sólo el 42 por ciento en este año, es decir,
han pasado de ser algo más de la mitad a ser algo menos —y la cifra está bajando. Este
cambio no es sino el reflejo del enorme progreso económico e industrial de nuestra
patria iniciado en los años 60 como parte de una política deliberada de reducir la
10 dependencia de los renglones tradicionales como la agricultura y fomentar la
industrialización por medio de la sustitución de importaciones. Este último proceso ha
sufrido el impacto en los años recientes de la crisis de la deuda y la consecuente pérdida
de confianza de parte de nuestros socios internacionales. Es un proceso que debemos
contrarrestar. Hay que buscar nuevos mercados, hay que buscar nuevos socios o, por lo
15 menos, restablecer las relaciones con nuestros amigos tradicionales.

Si pasamos a estudiar el crecimiento en el sector de las exportaciones en los últimos
dos años podemos decir que a pesar de los serios contratiempos de la crisis del petróleo
y las dificultades actuales que acabo de mencionar, puedo permitirme el lujo de ser
moderadamente optimista por lo menos en este terreno del comercio exterior.
20 Simplificando grandemente podemos ver que las exportaciones tradicionales —
algodón, café, fruta tropical— o sea las secciones 0 y 1 del arancel han bajado como
porcentaje del total, aunque representan siempre un aspecto importante de nuestra
producción total. Las materias primas (otro renglón tradicionalmente significativo para
un país latinoamericano) dependen en alto grado del petróleo y luego otros minerales de
25 bastante valor comercial. Esta es la sección 2 del arancel. Pasando ahora a las secciones
6 y 7 del arancel, es decir los bienes manufacturados podemos ver los grandes cambios
que han tenido lugar, al igual que en la sección 9 del arancel, o sea material de transporte,
donde la provisión de componentes para automóviles ha llegado a constituir una
actividad económica de primera importancia para nuestra industria.

(Boletín de la Cámara de Comercio de
Ciudad Central núm. 940)

You also come across a copy of a speech given by the leader of a Spanish trade delegation. Some of the expressions here might be helpful. (But don't copy them exactly – someone might spot where they came from!)

Por último mencionaremos brevemente los problemas de nuestro comercio mutuo. Como ya he dicho, estos problemas no son demasiado serios o si lo son, como las dificultades causadas por nuestro ingreso en el Mercado Común Europeo, creo que ya están en vías de solución. Bueno, por lo menos ojalá.

5   Sería un grave error el olvidar que en el mundo actual la prosperidad de cada país no depende de él sino del panorama económico mundial. Es decir, aunque el comercio mutuo hispano-sanmargarino se desarrolle satisfactoriamente como viene ocurriendo ahora, la continuación de este desarrollo depende sobre todo de lo que ocurra en el ámbito mundial y sobre todo en los Estados Unidos. No es ésta la ocasión de 10 extenderme en este punto. Mencionaré solamente que aunque hay algunos signos inquietantes, sería un error el ser pesimistas. Hasta ahora nuestro comercio recíproco ha vuelto a desarrollarse en forma positiva. Con el esfuerzo y trabajo de todos ustedes espero que continúe por el mismo camino.

    Señores delegados, les agradezco mucho haber podido expresarme franca y 15 sinceramente en esta ocasión. Muchas gracias por su paciencia.

Task 5

A number of British firms are interested in supporting the LATAG scheme but want to know more about the legal aspects of a free zone. Translate this extract from the legislation taking great care over the details.

La Ley número 47 de 8 de mayo del presente año constituye el marco legal de las zonas francas como establecimientos públicos que tienen entre sus objetivos promover y facilitar la importación y exportación de bienes y servicios, la constitución de empresas comerciales e industriales, la introducción de nuevas tecnologías y la generación de 5 empleo. Prevé la posibilidad de construir zonas francas industriales, comerciales o mixtas, o que se especialicen en un determinado comercio o sector de la industria.

    En su calidad de establecimientos públicos, las zonas francas quedan exentas del pago de impuestos de carácter nacional, salvo el impuesto a las ventas.

Task 6

A watchdog group has heard of the scheme. It is critical of the scheme, saying that foreign companies often set up manufacturing processes in Third World countries because they can pay their workers lower rates or avoid more stringent regulations enforced by industrially developed nations. Phone them and tell them about the new legislation in Santa Margarita concerning local labour in free zones.

Establece la nueva legislación que en los contratos de trabajo celebrados con personas extranjeras que ingresen en el país para trabajar con empresas establecidas en zona franca podrá estipularse que éstos no se rigen por la legislación laboral sanmargarina. Respecto de los trabajadores nacionales la legislación laboral sanmargarina constituirá 5 el mínimo de garantías a las que tienen derecho. La Ley número 47 regula igualmente lo relativo a zonas francas de carácter transitorio, zonas francas en puertos y aeropuertos y la forma en que se efectúa el tránsito de la antigua a la nueva legislación en la materia.

Task 7

One great attraction of a free zone normally comes in the form of tax exemptions. You receive a phone-call from a company which has extensive interests in Latin America and is also a major client of the bank. They want to know what incentives are being offered. You have the article in front of you; outline the tax situation briefly and clearly and make sure you have covered all the points – a mistake could be expensive!

Régimen tributario

- Los artículos y materias primas que ingresen en la zona franca procedentes del exterior están exentos del pago de impuestos nacionales mientras permanezcan en dicha área y al ser reexpedidos al exterior.
- Los productos elaborados en zonas francas por empresas extranjeras exportados a
5 terceros países atraerán el impuesto de valor agregado nacional. Cada vez que se exporten productos nacionales regirán los mismos derechos y gravámenes y se deberán cumplir los mismos requisitos (p.ej. de seguros o higiene) que en el caso de los productos fabricados en el país.
- Cuando se introduzcan en el país artículos elaborados en una zona franca industrial
10 se impondrán gravámenes de importación únicamente sobre el componente extranjero utilizado en su fabricación.

Task 8

You are invited to a reception for participants in the Santa Margarita export drive. Someone asks you whether it is really necessary to speak Spanish in order to do business in Latin America. Take a deep breath and explain why it is. (Can you persuade them to take you along to do the talking?)

San Andrés: Research in the Field ___

Scenario

You are due to go out to the Republic of Santa Margarita for three months to carry out research on aspects of rural and urban deprivation in Latin America. You have had a long correspondence with Dr Julio Barrios, head of the faculty at the world-famous Universidad de San Andrés. He has arranged for you to give a series of lectures at the faculty and elsewhere in the country during your visit and has also promised to put you in touch with other researchers in your field.

Opposite is the letter of confirmation you receive from Sr. Tinteros, who is in charge of international links at the University.

UNIVERSIDAD DE SAN ANDRES

Oficina de Programación   Ciudad Central
                                           Marzo 29 19..

Estimado colega:

        Acuso recibo de su carta del 15 último. Me es muy
grato confirmar que ya se ha recibido toda la documentación
relacionada con su próxima visita a nuestro país. Me puse en contacto
de inmediato con el Dr Barrios para concretizar su itinerario. No es
posible todavía decir con certeza cuál será el programa final.
Provisionalmente le ofrecemos el plan siguiente para su distinguida
atención:

Abril 29	Llegada a Ciudad Central.
Abril 30	Recepción con el Ing. Sierra, director provisional del Instituto Sanmargarino de Investigación Social.
Mayo 1	Día del obrero mundial. Feriado. Programa de turismo en la localidad.
Mayo 2	Domingo. Continuación del plan mencionado arriba
Mayo 3-10	Universidad de San Andrés. Plan de orientación. Se celebrará también una serie de seminarios con miembros de la Facultad.
Mayo 11	Salida para Santa Ximena. Avioneta sale de Ciudad Central a las 8 a.m.
	Investigación de campo (zona rural) en Hacienda Suspiros. Investigación (zona urbana). Areas de Santa Ximena: barrios Nuestro Porvenir, Satélite y General Balone.

        Entre el 11 de Mayo y el 1° de agosto, día en que
regresa a su país, tenemos provista una serie de reuniones con
expertos e investigadores dentro del esquema que usted tiene
programado, naturalmente. Me informa el Dr Barrios que preparará el
plan detallado luego de la primera semana de reuniones en Ciudad
Central.
        Le reitero la seguridad de mi más atenta
consideración.
        Atentamente   *Tinteros*

Enrique Tinteros Coordinador General del Programa de
Convenios Culturales

Task 1

Write to Dr Tinteros in Spanish, thanking him for the letter and pointing out that you will not be able to leave until the beginning of May at the earliest. Apart from various commitments your grants for travel and living expenses are being covered by an international research body whose regional headquarters are in Costa Rica. You are still waiting for confirmation of the date when the funds will be paid but May 1st is the earliest possible time. Also you are planning to stay longer than the official three months to take advantage of your vacation. In fact you plan to travel around and perhaps visit some neighbouring countries as well. You have read the Consulate leaflet about visas (*see page 4*) and are not sure which one applies to you. What does he advise?

Write to Dr Barrios as well to put him in the picture. Add any personal news, ask about his family, etc.

Task 2

Sr. Tinteros sends back a revised timetable and suggests you apply for a visitor's visa to cover all eventualities. Ring the Consulate and check what items you need to present. The secretary is very friendly but has only just arrived here and prefers to speak Spanish. She sends you a form. Fill in what you can and query the rest with her. (*A specimen form is available in the Teacher's Book.*)

Task 3

You are met by Dr Barrios when you arrive in Santa Margarita. Remember that he has been instrumental in fixing up your visit and although this is the first time you have actually met you know each other quite well from your correspondence. Ask after his family (actually he has brought most of them with him to welcome you) and do not forget to hand over the presents you have brought for him, his wife, his Aunt Emilia and the three children. (By the way, what *have* you got them?) After all, he has invited you to stay with them and Latin hospitality can be quite something.

Task 4

Pedro Villanueva, one of the faculty members, has a particular interest in urban studies. He has been invited to talk about this on the radio. The programme, called *Encuesta*, covers topics of social and current interest. He is reporting on his research on low-level family incomes based on surveys carried out in Pampa Alta, a part of the city where you are also planning to do some work. Pedro's mother has taken a recording of it and lends it to you. (Take care not to lose it!) Listen and take notes on what he has to report.

Task 5

Dr Barrios has carried out some preliminary field work in the shanty towns located on the east side of Ciudad Central along the Río Negro. Not all the people involved in his survey are literate so he has recorded some of the interviews.

This is a copy of the questionnaire he has used. Listen to the tape and fill in the details about Hipólito and Rosa, a couple from Pampa Alta, an area which was first settled about ten years ago.

Also take note of any general points that can be made about different aspects of poverty and migration in the country; you can follow them up with Dr Barrios later.

```
                        ENCUESTA
            Motivos de la movilidad social
               Universidad de San Andrés
                      Ciudad Central


   1   ¿ Por qué se han trasladado a Ciudad Central?


   2   ¿ Por qué instalarse en Pampa Alta?


   3   ¿ En qué trabajan los padres?


   4   ¿ Cuántos hijos tienen?


   5   ¿ A qué se dedican éstos?


   6.   Que comenten el nivel de vida y los costes
        de mantener a una familia en el área
        metropolitana.
```

Task 6

As part of your work you plan to run a series of surveys. One of your new faculty colleagues has asked if you could collect data on the rural communities you visit.

Overleaf is the questionnaire you have been given. The people you meet are suspicious of what it is really for. Allay their fears by explaining.

CUESTIONARIO SOBRE LAS COMUNIDADES   TC-83/LDP/1

Para uso de la oficina
únicamente

LOCALIDAD

1   Nombre de la localidad

2   Urbana   Rural   Población

3   ¿ A qué distancia está la localidad de los siguientes lugares?

a   Servicio de autobús más cercano   km

b   Central de autobuses más cercana   km
     (para fletes)

c   Otro sistema de transporte   fluvial   km
                                         tren   km
                                         avión
                                         (carga o
                                          pasajeros km

4   ¿ Existe un servicio regular de transporte desde su localidad?

                                         Sí

                                         No

5   ¿ A qué distancia se encuentra la Central de Correos más próxima?

                                         km

6   ¿ Cuántos habitantes de la localidad   a saben leer y escribir?

                                         b son analfabetos?

MODALIDADES DE EXPLOTACION DE LA TIERRA

7   Indique el número de hectáreas de cada una de estas categorías
     sembradas por lo menos una vez al año:

     pastos   páramos cultivables
     plantaciones   páramos no cultivables
     huertos   bosques

8   Número de reses de la localidad

     bueyes   caballos   ovejas

     vacas   cabras   gallinas

     burros   llamas   patos

9   Indique el número de explotaciones agrícolas de la localidad

     menos de una hectárea   de 1 a 4 hectáreas

     de 5 a 9 hectáreas   de 10 a 49 hectáreas

     de 50 a 99 hectáreas   más de 99 hectáreas

Task 7

You need to obtain the following information in order to set up your data base:

size of landholding

farm equipment available/in use (e.g. tractors, ploughs, water-pumps, etc.)

crops, yield, percentage of land for own crops, percentage for market

access to new techniques (journals, government experts, UN publications, manufacturers' brochures, etc.)

Draw up a questionnaire and be ready to explain it to the people you interview.

Task 8

On your first field visit to establish local contact and to make a tour of farms which will participate in your project, you run into political problems. Although the elections are still more than six months off (elections in Santa Margarita must take place every four years) campaigning has started. The ruling party, Unión Democrática Popular, has been accused of not living up to its name. The *udepista* power base is overwhelmingly urban and concentrated on Ciudad Central which does, however, contain over 25 per cent of the population. Alianza Popular Liberal, the opposition party, has played on the unrest in country areas by stressing things like the preferential treatment of imported agricultural produce, the government's poor record in encouraging local production, and lack of practical support in the face of two disastrous harvests.

You arrive in the small town of San Ricardo Miraflores to find a meeting in progress in the square, called by the local delegate of the agrarian workers' union – a major focus of *apelino* support. Feelings are evidently running high and the government, universities and even foreign interests are coming under attack. The speech is being made through a megaphone and so is not completely clear. Listen carefully so that you can report back to your project's regional director in Costa Rica.

Task 9

In view of the continuing unrest you are advised to return to Ciudad Central to work with staff at San Andrés. Before going back home write a report of your visit, one for the Ministry records in Santa Margarita and one for the project's regional director in Costa Rica. Both should be in Spanish but the former will have to be diplomatic to ensure that the project can continue locally whoever wins the elections, while the latter must ensure that anyone else coming out to Santa Margarita will be fully aware of the situation.

Task 10

Write to Dr Barrios to thank him, his colleagues and the family for their help and kindness. You should express the hope that the state of emergency declared in Santa Ximena province will soon be lifted and that the elections will be able to go ahead as planned.

Matabichos – A Business Trip ⎯⎯⎯⎯

Scenario

You are working as part of a team involved in marketing the insecticide **Matabichos** in Venezuela. The product has been developed in the parent company's research centre in the UK (where you are based) and is already on sale in a number of Latin American countries.

Your brief, in particular, is to supervise the language aspects of promotion and sales literature. This will involve assisting in writing copy and assessing its likely impact on future customers. You are also responsible for liaison with the Caracas end – the company's joint venture partner in Venezuela. You are expecting to go abroad shortly.

Task 1

The head of the London translation office calls you in to check some of the new publicity material that has just arrived from Caracas. He is particularly concerned that the copy should have impact and make sense so he asks you whether you could translate it at sight.

MATABICHOS

MATABICHOS* es el primer insecticida de una nueva generación de gran actividad. Tiene un amplio espectro de acción que incluye las principales plagas. Además **MATABICHOS** se puede utilizar en frutas, hortalizas, tabaco, soja, maíz y sorgo.

La experiencia comercial ha demostrado que, después de un programa de aspersiones con **MATABICHOS** la cosecha puede aumentar hasta en un 40 por ciento.

MATABICHOS ofrece una excepcional persistencia en la superficie de las plantas y es especialmente resistente al arrastre por la lluvia; una vez que la aspersión depositada se ha secado, la lluvia fuerte poco después de la aplicación no afecta su actividad. Se ha comprobado que, en condiciones comerciales, si el producto se aplica únicamente cuando las plagas han alcanzado niveles económicos, sólo se necesita la mitad del número normal de aspersiones con productos tradicionales para obtener excelente control de una amplia gama de plagas.

MATABICHOS, a diferencia de muchos insecticidas empleados en la actualidad, obra por contacto e ingestión. Como no tiene acción sistemática ni fumigante, es esencial lograr una correcta distribución de la aspersión si se quiere obtener un control efectivo de los insectos combatidos.

MATABICHOS puede obtenerse comercialmente en una gama de formulaciones líquidas, solo o en mezclas con otros insecticidas, en concentrados emulsionables (CE) o para poblaciones de ultrabajo volumen (UBV).

*Marca registrada

Task 2

You have the chance to read up your sales material on the flight. Check through these directions for using Matabichos insecticide.

Es esencial limpiar bien todo el equipo antes de la aplicación de **MATABICHOS**.

1.0 Aplicación terrestre

Antes de la aplicación se debe verificar que las siguientes partes del equipo estén en buenas condiciones:

a)   El manómetro esté correctamente puesto en cero.

b)   Todos los filtros estén limpios.

c)   Los controles funcionen y la válvula de seguridad esté efectivamente ajustada.

d)   Que sea eficaz la agitación del sistema de aspersión.

e)   Que no haya fugas en el sistema de aspersión.

1.1 Trabajo de campo

a)   Al mezclar el producto, llenar primero el tanque de aspersión hasta la mitad con agua limpia, agregar la cantidad necesaria de **MATABICHOS**, comenzar la agitación y terminar de llenar el tanque con agua.

b)   Examinar constantemente las tuberías para asegurarse de que no hay fugas, ya que el aire que entre en el sistema de aspersión hará aumentar la formación de espuma en el tanque.

c)   Verificar la condición del cultivo (humedad o lluvia inminente), los factores meteorológicos tales como velocidad y dirección del viento y la sensibilidad de los cultivos adyacentes o de los animales que estén cerca.

Task 3

Sr. Guillén welcomes you to the morning's briefing and introduces you to the Venezuelan staff who are working on the project. (Do not forget to shake hands with everyone!)

Task 4

Sr. Guillén's briefing covers the state of the market at present, likely demand, projection of sales in the first year and arrangements for sales outlets and touches on plans for future development. Listen and take notes.

Task 5

Just as the meeting is closing, Sr. Guillén's secretary passes you the following note.

Llamó su jefe de Londres. Quiere un informe inmediatamente sobre la condición del mercado, la demanda potencial, ventas posibles en el primer año y lugares de venta. Está esperando su llamada. Mª Helena

---

Remember how much the call is costing; be as brief and concise as you can.

Task 6

You are out on a tour of research centres and farms in Zulia province. Sr. Palos, a local grower, wants to know about how to actually apply Matabichos, especially the safety precautions. To your horror you find you have left your notes back at the office. Can you remember the details from your last read-through? (You had better put on a good performance; Sr. Palos is chairman of the local growers' association and could be quite influential . . .)

Task 7

Sr. Olivares is planning to diversify and grow other crops. He is concerned that illustrations in your prototype brochure refer to cotton. Ask what crops he is planning to use pesticides on and explain to him how suitable Matabichos would be. Refer to the leaflet.

Maíz y soja

MATABICHOS proporciona un grado de control que rara vez se obtiene con los insecticidas tradicionales. No sólo mata la mayoría de las plagas sino que lo hace cualquiera que sea la etapa de su desarrollo, adultos o larvas. En consecuencia hace posible obtener considerables aumentos de los rendimientos, especialmente cuando se utiliza en aplicaciones sucesivas, durante toda la temporada.

Debido a su alta resistencia al lavado por la lluvia y su estabilidad a la luz solar, **MATABICHOS** ofrece un período mucho más largo de control que el obtenido con la mayoría de insecticidas. Por lo tanto los costos de aplicación son mucho más bajos.

MATABICHOS tiene una poderosa acción toxicológica pero es muy poco tóxico para el hombre y los animales. (Sin embargo, en condiciones de laboratorio es tóxico para los peces y las abejas.)

Hortalizas

MATABICHOS es muy eficaz contra la mayoría de las plagas de las hortalizas. Actúa contra los adultos y las larvas y también tiene considerable poder ovicida. Sin embargo es necesario asegurar, por medio de la distribución de la aspersión, que el producto toque a los insectos.

Como **MATABICHOS** es resistente al lavado por la lluvia, proporciona un período de control mucho más largo que los insecticidas tradicionales; por eso se necesita poco número de aplicaciones y se reducen mucho los costos de las aspersiones.

MATABICHOS es compatible con la mayoría de los otros productos químicos usados en la agricultura y puede utilizarse en mezclas para combatir complejos de plagas. También es adecuado para programas de control integrado de plagas.

Task 8

Dra. María del Pozo is head of the Agroven research centre at San Cudo de los Ríos. She is currently engaged in research to measure the effectiveness of insecticides in order to establish optimum levels of dosage for pest control. She shows you round the experimental areas and gives you a full explanation. Take notes as you go along.

Task 9

During discussions you refer to the fact that the production team at home are short of valid data on certain tropical pests. Dra. del Pozo very kindly gives you a copy of her notes, which you start translating during the flight home.

```
Heliothis spp

La aspersión debe realizarse sobre la base del contaje del larvas

pequeñas (menos de 0,7 cm de longitud); el momento de aplicar el

insecticida generalmente es cuando hay de 10 a 20 larvitas por cada

100 plantas, según las recomendaciones locales.  Aunque el contaje de

huevos puede ser un valioso indicador de la población futura, no se

recomienda usar este dato como base de la aspersión, ya que la

experiencia ha demostrado en muchos países que la actividad residual

del insecticida utilizado es suficiente para matar las larvas que

salen de los huevos después de la aplicación de éste .  Por lo tanto,

el contaje de larvitas constituye la mejor señal de la declinación de

tal actividad residual a niveles aceptables.
```

Task 10

Back at Head Office you find the following memo waiting for you.

MEMORANDUM

From: Sales Director   Date: March 6
To: Matabichos team
Subject: New outlets in Latin America
The response from Venezuela was first rate - many thanks for the good work. Can you do a repeat performence? The Commercial Attaché from the Sanmargarino Consulate has been in touch. Can you lay on a presentation based on the Venezuelan market?

Make it good – the potential for sales in the region as a whole could be enormous. And of course the Carnival in Santa Margarita is worth seeing . . .

PROBELLSA: Products Launch _____

Scenario

You are working in the language section of a major company with interests in the cosmetics business. There are plans to move into the Latin American market, initially exporting and promoting the company's range of products and then moving over to local production, if a suitable partner can be found.

Negotiations are under way with a company called PROBELLSA (Productos de Belleza SA) in the Republic of Santa Margarita. PROBELLSA has its main offices in the capital, Ciudad Central; its factory and storage facilities were transferred five years ago to the provincial city of Vista Alegre, in accordance with government legislation on decentralisation from the capital.

Task 1

```
                      INTERNAL MEMORANDUM


From: MD                          Subject: PROBELLSA

To: Language Section (Spanish)    Date: April 22



As you know, Enrique Toro Osborne will be over from Santa Margarita

next Thursday for discussions on the proposed products launch.  We

have had some correspondence on the subject of brand names and

protection of trademarks and this is one topic I am anxious to clear

up.  I shall also want to clarify the strengths and weaknesses of the

company and the state of the market in Santa M.

Sr. Toro does speak quite good English, I understand, but I would be

grateful if you could sit in to make sure there are no crossed wires

or ambiguities at this stage.

The meeting will be held in N23 at 3 p.m.  Can you book yourself in

to see me Wednesday a.m. so that I can brief you.

I also attach copies of material we have received from Ciudad Central.

Would you please check through them and let me have an interim report

on their contents before Wed.
```

PRODUCTOS DE BELLEZA S A (PROBELLSA)

Av. 22 de Abril 187
Ciudad Central
Santa Margarita
Telef. 07.27.72
Télex: PROBSA
3 de febrero de 19..

Mi querido amigo:

Le agradezco la pronta respuesta a mi carta del 8 del pasado mes y paso a contestar su pregunta sobre la importación de las materias primas.

No hay problema para conseguir materias primas desde el extranjero. Al contrario, la industria cosmética nacional tiene acceso a fuentes proveedoras de Europa y EE UU. Normalmente se empeña en comprar a los grandes nombres de la industria química, lo que garantiza la calidad absoluta de los componentes. En lo que se refiere a nuestra futura colaboración ustedes podrían proveer las materias primas directamente; o para reducir los gastos de transporte posiblemente convendría más contratar a una fuente de provisión más cercana, como México o Brasil. Si no hay inconveniente, le ruego tenga la bondad de hacer las necesarias pesquisas e informarme luego al respecto.

Algunos componentes se compran en el país a los surtidores nacionales, por ejemplo los detergentes, alcoholes u otro material de base para la fabricación de cosméticos. En cuanto al control de calidad, la industria cosmética es muy competitiva y trabaja con un alto sentido profesional, criterio que ha trasladado a los proveedores locales. Ya se producen envases plásticos y etiquetas a la altura de calidad que requerimos. Existe también un gran incentivo en la forma de los aranceles que varían mucho según de que se trate: los artículos elaborados en nuestro país atraen derechos de aduana muy elevados, mientras que sustancias que necesariamente son de origen externo (como la lanolina y derivados) atraen derechos mínimos, como del orden del 5 ó 10 por ciento como máximo

Sin embargo, confío en que nuestra fábrica (descentralizada ya en Vista Alegre, a unos 150 km de la capital) puede abastecer todas las sustancias necesarias para la elaboración de nuestra nueva serie de productos.

Se despide muy cordialmente,

E. Toro O

Enrique Toro O

PRODUCTOS DE BELLEZA S A (PROBELLSA)

Av. 22 de Abril 187
Ciudad Central
Santa Margarita
Telef: 07.27.72
Télex: PROBSA
17 de marzo de 19..

Mi querido amigo:

En respuesta a su atta. carta del último (la cual acaba de llegar a mis manos) me es grato aclarar y confirmar los puntos siguientes:

Las autorizaciones sanitarias:

Le aseguro que hay muy poco inconveniente con tal de que se trate de productos importados. Indudablemente las dificultades que han surgido en los últimos años con respecto al registro de productos ha desalentado nuevas inversiones a nivel local: nadie está dispuesto a arriesgarse en la preparación de un lanzamiento si no está seguro de disponer de la autorización oficial para vender el mismo producto.

Sin embargo, no hay de qué inquietarse en cuanto a los productos que pronto serán exportados por su empresa. Basta un certificado de venta libre en el país de origen.

Ahora bien lo que propongo es que, antes de poner en marcha la producción local de nuestros proyectos elaborados en conjunto, nosotros empezamos la tramitación con el fin de obtener la documentación necesaria del I N H. El Dr. Saúl Pinto, responsable de los análisis para nuestra empresa, se comunicará directamente con ustedes para obtener los datos pertinentes al caso.

Le saluda muy atentamente,

E. Toro O

Enrique Toro O

Mercadotecnia – Análisis – Sondeos – Encuestas

Hnos. Pizarro Cía Ltda
Av. del Conquistador #1532
Ciudad Central
Santa Margarita

5 ## *El mercado de los cosméticos: perspectivas en Santa Margarita*

1 Participación extranjera

1.1 La ley sanmargarina permite la formación de compañías mixtas, siempre y cuando la representación nacional sea superior al 51 por ciento. La Ley de Empleo (decreto-ley 997.2004/29) permite el uso limitado de personal extranjero, con tal de que se
10 pueda probar que dicho personal dispone de conocimientos de tipo especializado que no puede satisfacer el mercado de empleo nacional. En todo caso el porcentaje de empleados de origen forastero no debe superar el 10 por ciento en los cinco primeros años después de establecer la sociedad y posteriormente el 5 por ciento. Existen numerosos incentivos (desgravación de impuestos, etc.) para fomentar la
15 capacitación de ejecutivos, peritos o técnicos de origen nacional.

1.2 Una empresa nacional puede ser representante de una casa extranjera, importar sus productos y distribuirlos. O puede recibir sus fórmulas de materia ya desarrolladas y simplemente manufacturarlas bajo licencia. También cabe que la gerencia local desarrolle nuevos productos y que incluso llegue a exportarse el
20 nuevo procedimiento modificado.

1.3 En cualquier caso es importante señalar que aquí se hacen pruebas de estabilidad y pureza preparando las fórmulas con materias primas locales pues puede haber modificaciones respecto a la composición original.

2 La participación de las empresas multinacionales
25 2.1 Algunas líneas de belleza son producidas aquí por plantas subsidiarias. En otros casos se opera bajo el sistema de licencias. De acuerdo con las reglas establecidas por la Superintendencia de Inversiones Extranjeras los empresarios sanmargarinos pagan anualmente 3,5 por ciento sobre las ventas por utilizar las patentes internacionales.

30 2.2 El pago se descompone así: 1,5 por ciento por el uso de fórmulas importadas; 1 por ciento por concepto de la asistencia técnica de las casas matrices; y 1 por ciento por el uso de la marca.

2.3 En cuanto a los beneficios que deriva para el país la acción de estas compañías, los consumidores reciben las últimas innovaciones del mercado internacional. No sólo
35 crea nuevos trabajos sino que los trabajadores pueden informarse y estar al corriente de los últimos avances tecnológicos. Por este motivo se puede detectar poca rotación de personal porque se estima que la remuneración de las empresas internacionales, las facilidades de progresar en el campo profesional y la oportunidad que brindan para viajar al extranjero con el fin de avanzar su carrera
40 constituyen grandes atractivos para el personal nacional.

2.4 La operación de estas plantas está regulada a fin de que recuperen su inversión en un plazo de diez años, de manera que su presencia se consolide y el país pueda contabilizarla como parte de su propia industria.

2.5 No se prevé en la coyuntura actual una ampliación a gran escala de las instalaciones
45   que se realizan actualmente, dado un proceso de recuperación de la inversión más
        lenta del que se preveía de parte de las empresas que ya inauguraron la producción.
        Y la congelación del PVP (precio de venta al público) desde el mes de febrero del
        año pasado estorba aún más el crecimiento de este sector.

3   El crecimiento de la industria cosmética
50 3.1 Se estima que la industria cosmética deberá en el futuro resolver dos problemas
        básicos: por una parte desarrollar fórmulas nacionales y la producción local de
        materia prima; y por otra competir más en el mercado internacional. Para lograr
        esta última meta se requiere un mayor nivel de investigación; en la actualidad el
        país cuenta únicamente con una cátedra de cosmetología, incorporada en la
55   Facultad de Química y Farmacia de la Universidad de San Rafael.
3.2 No obstante lo exteriormente expuesto, el futuro es prometedor; el mercado crece
        constantemente, sumando más gente joven que utiliza productos cosméticos; se
        incorporan las mujeres a la población activa lo que acrecienta su poder de
        consumo.
60 3.3 Finalmente hay buenas perspectivas para la exportación dentro del área
        latinoamericana aunque existen problemas arancelarios en el caso de países
        deseosos de proteger su propia industria y posibles obstáculos en cuanto a los
        miembros de entidades como el Pacto Andino.

CAMARA DE LA INDUSTRIA DE
COSMETICOS DE SANTA MARGARITA

Paseo las Américas 49
Ciudad Central
Santa Margarita
Telef: 29.03.47
Télex: CAMINCOS
29 de Marzo de 19..

Distinguidos señores:

        Nos complace atender a su pedido del 15 del
presente mes y con la presente ajuntamos una copia de nuestro informe
sobre los requisitos impuestos por el gobierno sanmargarino (Decreto-
ley 367.2286/84) con respecto a la higiene en el proceso de
elaboración de productos cosméticos.

        Sin otro particular aprovecho la presente para
asegurarle de mi más atenta consideración.

        Le saluda atentamente,

Catalina Suárez de Espejo

Dpto. de Relaciones Públicas

Cámara de la industria de cosméticos de Santa Margarita

Informe

Reglamentos de higiene en el proceso de elaboración de productos cosméticos

1.1 Durante muchos años la fabricación de cosméticos no estuvo sometida a controles sanitarios. El Decreto-ley 367.2286/84 reglamenta ahora las actividades en este campo, bajo el cuidado del Ministerio de Sanidad. Esta Cámara participó en la elaboración del reglamento que ha terminado ya su fase inicial de
5 aplicación.

1.2 El reglamento que se elaboró impone que todos los productos del ramo deben registrarse ante la División de Drogas y Cosméticos dependiente de la Dirección de Salud Pública. Para cumplir esa disposición se ha ido llamando a registro distintos tipos de productos; hasta hoy día han sido convocados desodorantes,
10 champúes y acondicionadores para el cabello.

1.3 El Ministerio llama a registrar dentro de un plazo determinado. Las empresas deben presentar muestras, indicación de la fórmula cuantitativa del producto en cuestión, método de análisis de los ingredientes activos que pudiera tener, el texto de las etiquetas con que se vende y hasta la publicidad. Una comisión asesora
15 hace una primera revisión del material y si no hay objeciones remite todo al Instituto Nacional de Higiene.

1.4 El Instituto debería hacer los análisis correspondientes y si se aprueba el producto devolver todo al Ministerio para otorgar el correspondiente número que debe aparecer en las etiquetas.

20 2.1 Este trámite, que parece tan sencillo, se ha convertido en un grave estorbo para nuestra industria. Por una parte es muy lento, a veces lleva dos o tres años. Mientras tanto el producto se sigue vendiendo; pero si se trata de algo nuevo que se quiere introducir, o sea que data de un momento posterior a la legislación vigente, entonces debe esperar a que se le conceda su número. La industria, que
25 es ágil y dinámica, pierde buenas oportunidades de venta porque esperando la autorización los productos pasan de moda, y entonces no se venden.

2.2 Un ejemplo sobresaliente es el henna. Es un excelente embellecedor del pelo, conocido y utilizado mundialmente, sin embargo aquí en nuestro país no se lo puede introducir por problemas de registro. La consecuencia es que una industria
30 ágil como ésta ve entorpecido el proceso de diseño y lanzamiento de nuevos productos por cuestiones administrativas.

3.1 Para resumir en pocas palabras, la industria está expuesta a dificultades por exceso de burocracia en los organismos encargados de controlarla y también por la falta de criterios claros para considerar los productos que se elaboran.

Sustituir las importaciones — el único camino

Una vez más el crecimiento de nuestra industria se ve obstaculizada por nuestro propio subdesarrollo.

A primera vista el que nuestra cosmética ayude y soporte la creación de un conjunto de proveedores nacionales es indicativo de ciertos progresos en este sector. Se destacan Probellsa, Hnos. Colón, Cutis SA y unas empresas más. (SIGUE EN LA PAG. 12)

A useful article for the Probellsa Project! El Espectador de Sta Margarita 17 Dec.

why didn't you cut out the bit on p 25?

Sin embargo las apariencias engañan, como es de suponer en este sector de la producción. Se siguen importando cantidades de envases, frascos y botellitas para perfumes, tan necesarios para captar la atención de un mercado caprichoso.

Sucede que los artículos de vidrio son difíciles de obtener aquí, ya que las compañías de gaseosas y otras bebidas —como la recién formada marca La Gitanita— absorben gran parte de la producción de artículos de vidrio. (SIGUE EN LA PAG. 25)

'Un ejemplo más de la falta de planificación y coordinación en nuestro desarrollo industrial,' observa Enrique Toro Osborne de Probellsa. 'Nos faltan cuantiosas inversiones para resolver este problema. Mientras tanto es muy caro importar e indudablemente limitará nuestra productividad en el próximo año.'

Hay poco reciclaje así que un recurso natural se pierde. Y sigue nuestra dependencia de la buena voluntad de las empresas extranjeras.

Do you notice Toro is calling for more Investment?

Task 2

You happen to spot the following article in a Sanmargarino newspaper, which draws attention to the fact that tariff barriers are actually harmful to national industry. This seems to contradict some of what Enrique Toro said in his letter of the 3rd February. You check with your boss and explain what the article says. He asks you to let him have a translation for his files.

Altos aranceles — ¿contraproducentes?

Decir que nuestro país es productor de materias primas no llama la atención. Pero lo que ignora mucha gente es que nuestra industria es capaz de producir las materias básicas para satisfacer la creciente demanda del sector manufacturero. Siguen nuestras empresas los controles de calidad establecidos por las casas matrices (típicamente extranjeras) que rigen a las sucursales y a los concesionarios que operan con *royalties* como también las exigencias que plantea el Ministerio de Sanidad.

Sin embargo, los costes de producción en este país son más elevados que en otros lugares y esto se refleja en el nivel de precios de los productos nacionales que superan en aproximadamente 20 por ciento a los del exterior. Ese precio elevado se debe en gran parte al pago de aranceles de hasta el 100 por ciento sobre el valor de las materias primas, mientras que los productos manufacturados atraen aranceles del 70 por ciento solamente. Resulta lógicamente que la industria sanmargarina está desalentada. Importar efectivamente evita dolores de cabeza y compromisos a largo plazo. Efectivamente se puede importar con mayor facilidad que obtener el permiso para producir en el país un jabón o un perfume, sin mencionar la larga espera para obtener los permisos necesarios del Ministerio de Comercio o el Ministerio de Salud.

También conviene recordar los resultados de la política de libre importación en Argentina donde definitivamente se llegó a un extremo en el que no se justificaba producir en el país; resultó más fácil para el propio industrial dedicarse a las importaciones a ahorrar las inversiones necesarias para mantener un nivel de producción que fuese competitivo. Como muchas veces hemos mencionado, es insólito que este país sea capaz de abastecer los componentes o ingredientes que requiere la industria nacional y, sin embargo, el gobierno estorba nuestro propio desarrollo en beneficio únicamente de compañías forasteras, que saben aprovecharse de estas aparentes anomalías. Una industria moderna dentro de un marco anacrónico. Lástima lástima.

(*El Espectador de Santa Margarita*
17 de abril)

Task 3

You have spotted some more discrepancies between what Sr. Toro says in his letters and what appears in the other sources. Regulations governing health and quality control could be a problem, as could obtaining materials locally and being able to package the product properly if production were to be transferred to Santa Margarita. Tariff levels and local price structures will also have to be queried.

Write a detailed memo to the managing director outlining your fears, with proper reference to the correspondence. All this will undoubtedly come up at the meeting with the Probellsa people on the 25th and your colleagues will need to be properly briefed. (See Task 10.)

You are worried about being able to put things across fluently. Check the dictionary for relevant terms and work out how to put the questions. (See Task 8.)

Task 4

```
                    INTERNAL MEMORANDUM


From: Marketing team (Probellsa Project)    Subject: Local conditions


To: Lang. Dept. (Spanish)              Date: 24 April


Help! We commissioned a local report on the cosmetics market in Santa

M. from a local company - Pisarro Ltd.  This aptly-named outfit have

only just sent it and it's in Spanish.  Can you please come over

pronto to make sure we've understood it correctly?  (Colin and Chris

aren't due to go on  the intensive until June and I can't cope with

some of the jargon.)  JC
```

Task 5

You go to the briefing with the managing director as agreed, before the main meeting. Below are the notes you take which you will need for the meeting.

```
24th April meeting
Likely questions:
  Target age group?
  Income levels?
  Advertising claims - any limits under local legislation?
  What marketing strategy is planned?
Production queries:
  What size stock?
            ↘ Levels in reserve etc.
              Storage Warehouse space?
  Ability to cope with unexpected demand?
  Pos. and negative:
            i able to meet higher demand
              if range of products really takes off?
        or ii able to cut back if there is any fall-off
              after initial campaign?
  Possible to use imports from U.K. or plant in U.S. to plug any gaps in supply?
  Customs clearance? Duties?
  A complete cosmetic range - creams, powders,
                              lipsticks, etc.
  Any ideas for brand names?
  > Check on local legislation to protect trademarks
    and procedure to register them.
```

Task 6

You go down to the foyer with the managing director to wait for Sr. Toro. When Sr. Toro arrives, make the introductions. (His assistant, Sr. Llanero, is with him.)

Task 7

You have to sit in on the main meeting with the marketing staff from Head Office and the Probellsa representatives. Although they can manage fairly well in English, they would both prefer it if you were to interpret for them.

Listen to the extracts from the meeting. The first come from Sr. Toro's introductory remarks and the others are taken from his replies to questions concerning brand names and trade marks.

Task 8

The topics mentioned by the managing director in his briefing are on the agenda. Be prepared for them to arise in the discussions.

Task 9

Negotiations have not gone as smoothly as expected. At the coffee break you happen to be sitting near Sr. Toro and his assistant. Listen to the snatches of conversation in case anything significant is said about their plans.

Task 10

The final meeting is tense. The managing director has a copy of your report in front of him and raises the possible contradictions with Sr. Toro. You are required to interpret and also comment on anything that needs clarification in your report.

SU REGALO ESTĒE LAUDER:
THE BEAUTY MANAGEMENT SYSTEM

Suyo sin ningún costo adicional, con la compra de Bs. 190,00 o más en productos Estēe Lauder.

IPITEMA: The Visiting Expert _____

Scenario

You are in Santa Margarita as part of a technical aid programme designed to develop the country's fishery resources. Your specific responsibility is to assess the existing level of provision for training technical staff, and the progress of existing projects.

One of the centres you visit is the Instituto de Piscicultura y Tecnológica del Mar (IPITEMA) on the Gulf of Bahía Grande. With you is a representative from UNESCO who is interested in specialised training centres. His knowledge of Spanish is fairly basic and so he asks you to help him, interpreting where necessary, filling in any gaps and checking through published information.

Task 1

You are met by Capitán Mario Puertos, the Institute's current director. He gives a general introductory briefing on the Institute and its work. Listen and take notes for your final report and fill in any gaps your colleague might have missed.

Task 2

Ingeniero Vega is a nutrition expert and in charge of the food processing area of the Institute's work. You want to know how effective the development of the fishing sector is likely to be as a means of solving Santa Margarita's food problems. His points about diet in the country fit in with one of the reports you have to compile so take careful notes.

Task 3

A small reception is held to mark your visit. Dr Gamba, the first director of the Institute and now a member of the State government, makes a speech of welcome.

You have an uncomfortable feeling just after he starts that some sort of reply will be called for. Your colleague hastily whispers that you will have to do it – his Spanish is just not up to it. So you make a few frantic notes on your napkin.

> Gusto de estar aquí
> Todo muy impresionante
> Un proyecto muy bueno
> Colaboración futura
> Hospitalidad Sanmargarino
> Gracias
> Viva Santa Margarita - ?!

Remember, there is no need to sound like a native; the important thing is to do the best you can; it is vital to create a good impression, and you know that everyone will appreciate your efforts . . .

Task 4

You are invited to meet Licenciado Joaquín Costa, who is the member of staff in charge of the move down to Atoyac de los Ríos. One of the main jobs your office wanted you to do was to find out exactly how far these plans have got and how ambitious they really are. The problem is that aid funds will be necessary to complete the operation, and it is still not clear what the full implications are in terms of capital investment, specialised equipment and personnel. You ring your project director and below are the notes you take.

> How far has building got ?
> Have essential services been laid on : electricity, water, main drainage,
> phones ?
> Infrastructure ? Roads, drainage of site.
> Industrial relations : any trouble ? (Strikes, lack of manpower,
> skilled workers).
> Are they on schedule ?
> Have the funds for project been confirmed from Sanmargarino end ?
> Anything else significant ? Rumour of staff rivalry. Clashes over
> implementation of plan ?
> What is Dr. Gamba doing now ? (Ex-head)
> Be discreet
>
> Ring back Friday.

Task 5

a) These are the buildings being used at present by IPITEMA. A guided tour is arranged for you on the first afternoon that you are there.

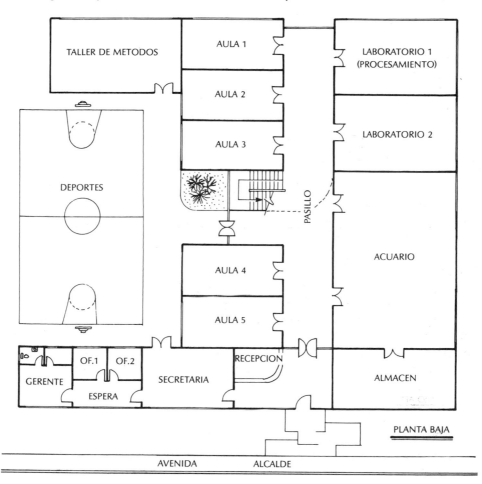

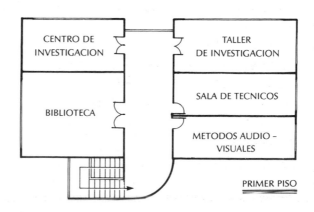

b) These are the plans for the new site. Go over them carefully and compare them with what you have seen, ready to discuss them with Lic. Joaquín Costa, who is in charge of the transfer.

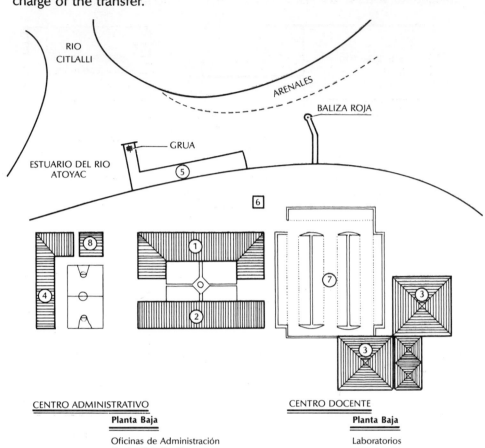

CENTRO ADMINISTRATIVO

Planta Baja

Oficinas de Administración
Centro Estudiantil
Comedor
Centro de Servicios Secretariales

Planta Alta

Biblioteca
8 Aulas
Salón de Profesores
Director
Centro de Métodos Audiovisuales

CENTRO DOCENTE

Planta Baja

Laboratorios

Acuario

Planta Alta

Centro de Navegación

Centro de Oceanografía

LEYENDA

1. CENTRO ADMINISTRATIVO
2. CENTRO DOCENTE
3. PLANTA EMPACADORA
4. ALMACEN
5. MUELLE DE DESCARGA
6. RADAR
7. ESTACIONAMIENTO (250 PUESTOS)
8. CENTRO DE ECOLOGIA

Instituto de Piscicultura y Tecnología del Mar

Centro de Atoyac de los Rios (Fase 2)   Ricardo y Ana Ma. Arata Guillen Arquitectos

Task 6 🖸

Vicente Castellanos is a Spanish engineer working on a three-year contract to install new refrigeration equipment in the new centre at Atoyac de los Ríos, then to train staff and the first intake of students in its use. He has been in the post for just over a year and is feeling discouraged. You meet him by chance one evening while out for the *paseo*. Listen to what he has to say (after all, there may well be some valid points underlying his complaints).

Task 7

Find out Castellanos' opinions on the following topics, to compare them with the official line you have already been given; but be careful to remain non-committal yourself. You want to know his views on:

a) The fishing industry in Santa Margarita
b) Staff–student relations
c) The move out to Atoyac de los Ríos.

Task 8

You have a working session with Capitán Puertos during which you try to draw him out on the points mentioned by Vincente Castellanos. You do not know to what extent the Captain is aware of complaints or rumours and what importance he attaches to them, so you have to tread carefully.

Puertos - Wednesday 6·30 pm :
1. Remote location. It's in a jungle!
2. Canning plant : at odds with a college. Problem
            of sharing site
            - noise
            - pollution
            - transport + communication.
                Workers, students
                raw materials + finished goods.
                Traffic
                Parking ?!

Where will they sell product ?
Mexico city a long way

            Castellanos says US won't
                buy Sanmargarino fish
                either ?!

3. Infrastructure :
    i no phones
        Radio : possible interference with sea or air
                communication
    ii Water ??
    iii Main drainage.
    iv Flooding + possible subsidence.

Task 9

You have to ring a progress report through to your desk officer back home. Work out what you need to say in detail, covering items such as the state of progress at the IPITEMA so far, any likely problems, and what areas would benefit from assistance in terms of staff and equipment. Be as brief as possible to keep the cost of the call to a minimum. (International calls from Santa Margarita attract a 50 per cent surcharge.)

Task 10

Your colleague from UNESCO is making a study of the curriculum relating to the qualification of **ingeniero pesquero**. Go through the course handbook with him (see opposite) and explain what it entails.

PLAN DE ESTUDIOS DE LA CARRERA DE
INGENIERIA PESQUERA EN METODOS Y ARTES DE PESCA

I.- SEMESTRE	HRS.
Matemáticas I	4
Estadística	4
Química I	7
Biología Marina I	6
Inglés I	3
Dibujo I	4
Técnicas de Equipos Pesqueros I	8

II.- SEMESTRE	HRS.
Matemáticas II	4
Dinámica	4
Química II	7
Biología Marina II	5
Inglés II	3
Dibujo II	4
Elementos de la Comunicación	4
Tec. de Equipos Pesqueros II	8

III.- SEMESTRE	HRS.
Matemáticas III	4
Electricidad y Magnetismo	6
Hidráulica	4
Termodinámica	4
Resistencia de Materiales	6
Teoría del Buque	4
Tec. de Equipos Pesqueros III	8

IV.- SEMESTRE	HRS.
Matemáticas IV	4
Ecodetección I	6
Navegación I	5
Maquinaria Pesquera I	5
Embarcaciones Pesqueras	5
Tec. de Equipos Pesqueros IV	8

V.- SEMESTRE	HRS.
Probabilidad y Estadística	4
Ecodetección II	6
Navegación II	5
Administración Pesquera I	4
Meteorología	4
Maquinaria Pesquera	5
Tec. de Equipos Pesqueros V	8

VI.- SEMESTRE	HRS.
Bioestadística	4
Administración Pesquera II	4
Ecología Marina	6
Oceanografía I	6
Procesamiento de Datos	6
Tec. de Equipos Pesqueros VI	8

VII.- SEMESTRE	HRS.
Organización y Producción Industrial	2
Oceanografía II	6
Biología Pesquera	6
Análisis Numérico	4
Tec. de Equipos Pesqueros VII	4

VIII.- SEMESTRE	HRS.
Seminario de Legislación Marítima y Pesquera	6
Oceanografía Pesquera	6
Dinámica Poblacional	6
Pesca Experimental y Exploratoria	7
Tec. de Equipos Pesqueros VIII	7

Task 11
An urgent request comes through from UNESCO for your colleague, requesting a copy of the course details in translation. He is in a bit of a panic so you offer to translate it for him. (Remember it must be sent off as soon as possible.)

Ingeniero pesquero en métodos y artes de pesca

Definición

Es un profesional que cuenta con una formación interdisciplinaria que se desenvuelve en el sector primario de producción dentro del contexto de las pesquerías identificado con los factores de la pesca, medios de producción, recursos y la fuerza de
5   trabajo. Sus conocimientos le permiten intervenir en las fases del proceso productivo aplicando criterios acordes con la realidad socioeconómica de nuestro país.

Objetivos

Preparar profesionales de alto nivel introduciéndolos en el conocimiento de la situación física, social y económica del país; que identifiquen los problemas pesqueros y
10   les den solución aprovechando las especies acuáticas con fines de consumo humano e industrial, utilizando técnicas de captura que no alteren la potencialidad del medio ambiente.

Funciones y actividades

Planear y organizar las operaciones de pesca.
15   Optimizar los medios de producción en las actividades de pesca.
Realizar el proceso de captura.
Dirigir las operaciones de pesca con criterios científicos que le permitan realizar un óptimo aprovechamiento de las poblaciones pesqueras.
Asesorar a los constructores navales en la construcción de embarcaciones
20   pesqueras en lo referente a las necesidades específicas en cubierta y maquinaria.
Participar en programas de evaluación de recursos pesqueros.
Planear y dirigir programas de pesca experimental y exploratoria con fines de introducir nuevas técnicas de pesca y extender las áreas tradicionales de captura.

Campo de trabajo

25   El campo tradicional abierto a este profesional se encuentra en los siguientes lugares:
Empresas pesqueras distribuidas en las costas del país.
Diversas empresas pesqueras de coinversión de Santa Margarita con otros países.
Barcos pesqueros que navegan en las 200 millas de Zona Económica Exclusiva.
30   Como profesor de su especialidad en escuelas que cultivan las ciencias del mar que se encuentran distribuidas en diversas entidades del país.
Asesorando a empresas de la industria marítima.

Task 12
On your return home you write up a full report on your findings arising from your visit to the IPITEMA. Just as you are finishing it a request comes through from the Ministry of Fisheries in Santa Margarita for a copy for reference purposes. Your desk officer thinks it would be a good idea to send it in Spanish and asks you to re-write it . . .

HYPERION: The Agency Bid _____

Scenario

You have been hired by HYPERION, an advertising agency, to provide the language input as part of a team preparing a tender for the account of JUGO SA, a consortium of orange growers in the Valencia region of Spain, who plan to export high quality citrus fruit to the UK.

Task 1
Your predecessor was a Spanish girl (Pepita Verdura) who has just left because she found that she was allergic to lemons. The papers in the file are in a mixture of English and Spanish, made up of press cuttings, rough notes from meetings, outline plans for presentation material, etc.

On your first morning at work this telex arrives:

```
450 94 HYPERION ST CLEMENTS LONDRES 54929   3256 7986   45001   100

SE RUEGA CONFIRMAR URGENTEMENTE SU INTERES EN SEGUIR CON PROYECTO

PREVIAMENTE DISCUTIDO.  CONFÍRMAR ADEMAS FOR ESCRITO EL ENFOQUE

HASTA AHORA DE SUS LABORES DE INVESTIGACION.


                    CAMPOS

                    JUGO S.A.


185904 10606707   12040 3056070   104956667   807056   4956967   3895
```

Your project leader, Philippa Pippin, tells you that a letter arrived at least a fortnight ago and therefore needs to be answered urgently. However, she is at a meeting all morning so will you go through the dossier, see what the letter actually asks and draft a suitable reply. (Pippa has left you a memo with some points she wants you to cover.)

```
From: Pippa                      Jugo SA
                                 22 April
Sorry to be abrupt this morning - it's all go!
Would you tell Mr Campos that we are certainly interested in launching
his product in the UK.  Pepita left some statistics, notes on some
articles she found and some press cuttings.
Give him a broad outline of the UK fruit market and whatever stats we
have on file up to now on consumption and distribution.
A few points on competition from other countries would be useful.
Exploit the fact that South Africa has been a major supplier in the
past.
Stress that Spain used to be a major source of fresh produce before
Britain joined the EEC, so now is a good time to build on past links.
Good luck - I should be out of my meeting by lunchtime.
```

This is clearly meant to be a holding reply until you can get your teeth into the data contained in the dossier, so keep your letter to around two sides of A4 – properly laid out, of course.

Task 2

One of the marketing people has managed to decipher that this article has something to do with marketing boards and thinks it may be relevant to this bid. Translate it for him.

LA PROMOCION DE PRODUCTOS HORTOFRUTICOLAS: PRESENTE Y FUTURO

Habiendo expuesto anteriormente ciertas características básicas del mercado hortofrutícola en el Reino Unido, permítasenos señalar sucintamente algunos factores de cambio:

1. Es un hecho el acercamiento progresivo de toda la cadena de distribución al consumidor. La concentración vertical y horizontal en esa cadena le da un enorme poder para interpretar las necesidades de ese consumidor, transmitiendo información muy relevante a los productores (y exportadores).
2. En los últimos años se han producido variaciones muy notables en los hábitos de alimentación. Como más relevantes destacaremos la inclinación de preferencias hacia alimentos más sencillos de preparar y consumir, la mayor frecuencia de comidas efectuadas fuera del hogar y el espectacular éxito en la introducción —con brillantes ejercicios de marketing— de nuevos productos alimentarios.

3. El creciente uso de técnicas de marketing en la comercialización de productos hortofrutícolas. Los esfuerzos por diferenciar y promocionar profesionalmente estos productos son crecientes en un escenario de mayor competitividad entre productores y entre distribuidores.

4. Rentas disponibles no crecientes.

Pues bien, la adaptación a las cambiantes condiciones del mercado ha llevado a varios tipos de soluciones comercializadoras:

Varios países de fuerte capacidad exportadora crearon hace tiempo, y han ido desarrollando posteriormente, organismos únicos de comercialización exterior de su producción hortofrutícola o de productos destacados de ella, los casos del CMB de Israel, del Apple Board de Nueva Zelanda, de Cape o Outspan en Sudáfrica y de la OCE marroquí son bien conocidos. Estos *marketing boards* monopolizan la oferta exterior de los productos respectivos logrando en base a ello (y con la formación de paneles de grandes distribuidores en cada país) un considerable control de las condiciones de mercado tanto en cuanto a volúmenes como respecto a precios. Lógicamente estos *marketing boards* han emprendido simultáneamente un esfuerzo de diferenciación del producto mediante etiquetado, publicidad y promociones.

Es posible reconocer que este enfoque de la comercialización les ha permitido penetrar en muchos mercados y consolidarse en ellos (desde luego en el británico). Han logrado considerables cuotas de participación y éxitos notables en la competencia con ciertos países terceros cuya oferta, no ordenada siquiera en calidad, sólo se coloca a bajos precios y con escasos visos de continuidad.

Task 3

When you come into the office the following day there is another memo waiting for you.

```
From: Pippa                      Jugo SA
                                 22 April

Many thanks for the letter.  Could you now follow up with a formal
report on what we are proposing.  (Pepita started one on the word
processor.)
Make sure you cover the background to the promotion of fruit and other
fresh produce in the UK; specific plans for a market survey; the
budget allocated for the launch.  (We'll have to check the exact
totals with Colin in Budgeting.)  Also give some details of the
promotion campaign, OK?
Then will you draft a covering letter stressing HYPERION'S interest
in the project and propose that  the UK marketing team should go to
Valencia for a full-scale presentation, for around May 22.
(Would a 4-day visit be enough?)
```

Sr. Campos
Jugo SA
(Valencia)

17 march
(Rang)

<u>NARANJAS</u>

Presupuesto total asignado : 30 m . ptas . (£150 K + ?)
Para gastos de medias y producción, y trabajos
de imprenta .

Además - 5.m . ptas gastos 'cancelables'.

(± £ 25 K)

DIRECTRICES GENERALES
- Presentación gráfica - óptima Calidad
- Una imagen ligera y juvenil.
- Banda sonora alta fidelidad para posible uso
  en radio .
¿ Gasto ? - Depende .
CAMPAÑA PUBLICITARIA
- Con una base para desarrollar a <u>largo</u> plazo .

ESTUDIO DE MERCADO
- ¿ Fuentes ?
  ¿ Cifras oficiales ?

- Trade journals
- Min. of Agr. + Fish
- Comercio Hisp-Británico
- ¿ INE ?
- Commercial Councillor, London

Tell Philippa
and Pepita ?!

JUGO SA

Granadilla 56, Valencia-1.

56-78-90 (5 líneas)

Valencia, 5 de abril de 19..

Muy Sres. nuestros:

Nos complace notar su interés en colaborar con nuestra empresa en la comercialización de nuestro producto en la Gran Bretaña. Antes de proceder con este proyecto y para entender mejor las posibles limitaciones de mercado británico nos urge recibir más información lo más pronto posible sobre los temas que siguen a continuación:

- Bajo consumo británico per cápita de los cítricos
- Cambio del comercio británico de fruta
- Competencia de las frutas más exóticas en el Reino Unido.

Sin otro particular aprovecho la presente para mandar un cordial saludo.

Atentamente

Enrique Campos
<u>Gerente</u>

JUGO SA

Granadilla 56, Valencia-1

56-78-90 (5 líneas)

Valencia, 12 de abril de 19..

Estimada Srta Pippin:

Con respecto a los datos pedidos telefónicamente por la Srta. Verdura ayer, me complace comunicarle lo siguiente:

Actualmente la producción anual de JUGO SA es muy buena. Se espera que en el próximo año la producción total de cítricos suba en un 17 por ciento hasta un récord de 3, 7 millones de toneladas, o sea 1, 8 millones de toneladas de naranjas; 1, 1 millones de toneladas de limones. Actualmente nuestro consorcio tiene exportaciones a otros países de 175.000 toneladas anuales. El volumen de satsumas y fruta blanda ha aumentado en un 35 por ciento en los últimos años y por ese motivo nuestra intención es establecernos en el mercado británico, aprovechando las condiciones comerciales que existen allí.

Nuestra industria cítrica es dinámica, buscamos nuevos mercados y quedamos a la espera de la información que hemos pedido recientemente.

Aprovecho la presente para mandar un cordial saludo.

Se despide muy atentamente

Enrique Campos
<u>Gerente</u>

Tarifas del Mercado Común

El Mercado Común es el mayor y más importante cliente mercado de España: el acuerdo comercial preferencial de 1970, de 12 por ciento, es superior a Marruecos (4 por ciento) e Israel (8 por ciento). Las nuevas regulaciones de junio aumentaron los precios del mercado de las naranjas españolas en un 9–11 por ciento, tangerinas (19–20 por ciento) y limones (20 por ciento). España no otorga subsidios a los cultivadores de cítricos. Se calcula que el ingreso de España en el mercado común no reducirá los precios a corto plazo.

Aspectos del mercado británico

Todavía existe una enorme oportunidad de desarrollar el mercado británico. El consumo medio de mandarinas y naranjas es de 5,9 kg y el promedio de Europa Occidental de 11,2 kg.

Aunque la industria española de los cítricos está desarrollando rápidamente nuevas variedades la demanda en Inglaterra se ha mantenido constante dentro de los renglones tradicionales. Pero a medida que se viaja más habrá más conciencia de los alimentos y así las frutas más exóticas podrían reemplazar la fruta típica, o sea manzanas, naranjas y plátanos.

Al contrario de lo que sucede con muchos otros productos de frutería, el mercado para los cítricos se extiende a todas las edades y todos los grupos socioeconómicos.

(INFORMACION DE DIVERSAS FUENTES LOCALIZADAS EN LA BIBLIOTECA DEL CONSEJO HISPANICO.)

Servicio de información de la Embajada de España

Encuesta sobre la fruta de origen español en el Reino Unido

Imagen de la Fruta Cítrica

Entre todos los entrevistados, la fruta cítrica española se consideraba:

—*de alta calidad* y, en cuanto a naranjas, probablemente de la más alta. Un mayorista opinó que la fruta Jaffa y sudafricana era de calidad más alta que la española.

—*no barata* pero de buen valor de compra porque la calidad era buena.

La mayoría de los que contestaron consideraron que la calidad de la fruta de los diferentes países era esencialmente de calidad similar, siendo la diferencia el momento del año en que estaba disponible.

Al menos tres de los que respondieron a la encuesta mencionaron que habían notado una mejora de calidad y categoría en los cítricos españoles durante los últimos años. Esto, lo atribuyeron a un mayor control de calidad y a un mejor empaquetado en España.

Ninguno manifestó problemas ni quejas importantes. Los únicos problemas que tenían eran inevitables y provenían de la naturaleza, esto es: el mal tiempo atmosférico, cosechas, etc.

Hubo indicaciones de que los que respondieron a la encuesta estimaban que las naranjas Jaffa en particular eran un producto mejor conocido entre las amas de casa,

debido a la publicidad ocasional a largo plazo y que, tal vez, esto daba a Israel la ventaja de imagen, si no de calidad. El mayorista más 'dedicado' a productos españoles pensaba
20 que las naranjas españolas eran mejores que las sudafricanas e israelíes por la textura de la piel y el sabor.

Los que respondieron a la encuesta veían pocas diferencias, con respecto a la calidad, entre las diferentes variedades de productos cítricos españoles. Hubo indicios de que la naranja es el cítrico más altamente considerado y el limón el menos, este último debido a la dificultad de mantenerlo fresco por largo tiempo.

The British food market

The British food market will soon be worth some £30 000 million. Fruit and vegetables constitute approximately £2800 million (or 9.5 per cent within this figure). It should be noted that the growth rate is less for market gardening than for the foodstuffs sector as a whole, because in recent years the relative importance of consumption of
5 such items has notably diminished. There is a clear distinction between the import and export sectors in that the UK is self-sufficient for about 80 per cent of vegetables but only 30 per cent for fruit.

Spanish contribution to this sector has fallen quite clearly since the early 1970s, when Spanish produce made up some 25 per cent of the total, against no more than
10 12–14 per cent now. There is, however, a more favourable trend noticeable in the last two or three years as a prelude to Spanish entry into the EEC. It is therefore hoped that this figure will increase more in the next few years, and not just in traditional areas such as Valencia and the Canary Islands.

(Floyds Bank Review No. 56)

Consumption and distribution

Consumption of both fresh fruit and vegetables has remained steady in recent years, showing (if anything) a slight tendency to decrease. This decline, however small, is a result of the traditionally low percentage in the British diet for these items. It is therefore likely that as tastes change and the public becomes more aware of diet and more
5 accustomed to a wider range of fresh produce (perhaps as a consequence of greater foreign travel) that this figure will change. That at least could be seen as a positive signal for producers in the EEC.

Distribution still tends to be dominated by traditional factors. A number of surveys conclude that the sector has been slow to modernise to the extent that there are still too
10 many small and relatively unprofitable outlets, and that modern methods (even refrigerated transport and shop storage) are not as widespread as one might expect. And in many areas of the country people still tend to rely on local suppliers or their own produce, which can have a seasonal impact on demand. Although supermarkets and high turnover outlets have moved into pre-packaged and graded produce this is still

Utilizar el canal 4 (proveer más datos para Campos) - mejor
medio para alcanzar al publico. Madres con ninos mas que nada -
horas punta. Breakfast TV.

B ESTRATEGIA CREATIVA

Lãs madres quieren fruta fresca. Quieren comprar algo que los
ninos van a comer. No desperdiciar.

Para los ninos: lo divertido que es - facil de pelar y no tiene
pepas.

Para los mayoristas: proximidad del surtidor. Espana mas cerca
que otros proveedores - imagen politica mas positiva. No hay
peligro de boicots. Gastos de transporte.

"DEL ARBOL A LA MESA" - fruta fresca y en buenas condiciones.

- explotacion de la marca

- humor/impacto

- imagen positiva

C PLANES DE MEDIOS

(Confirmar con Colin en el dpto de presupuestos): £130.000 -
£190.000 para la campana publicitaria en television.

Dividir la campana en dos rafagas:

1)   del 19 de noviembre al 9 de diciembre.

2)   Mediados de enero - mediados de febrero. (recurrir a
fondos de reserva. Pippa propone £65.000 por si acaso.)

Mezcla de anuncios de 10 y 30 segundos

Combinar con anuncios en la prensa comercial

Marzo 27.

¿ Porqué no me das una máquina con acentos? Pepita

SPECIALISED VOCABULARY

LA = Latin America, fin = financial

A

abarcar   to include
abastecer   to supply
abastecimiento (*m*)   supply
abogado (*m*)   lawyer
abonado (*m*)   subscriber
abonar   to settle an account
abordar un problema   to approach a problem
abstenerse de   to abstain
acciones (*f pl*)   shares
accionista (*m*)   shareholder
aceite (*m*)   oil
acomodo político (*m*)   political deal
acondicionador para el cabello (*m*)   hair
   conditioner
acondicionamiento del aire (*m*)   air
   conditioning
aconsejar   to advise
acontecimiento (*m*)   occurrence
acrecentar   to increase
acreditar   to confirm, vouch for
actualizado   up-to-date
acuacultura (*f*)   fish farming
acuerdo comercial preferencial (*m*)
   commercial preferential agreement
acuífero   water-bearing
acusar   to accuse, acknowledge
adecuación (*f*)   fitting
adecuado   adequate, sufficient
adelantos (*m pl*)   advances
además   furthermore
adinerado   wealthy
adjuntar   to enclose
adjunto   adjoining; enclosed
administración de empresa (*f*)   business
   management
aduana (*f*)   Customs
advenimiento (*m*)   appearance, coming
afrontar   to face up to
agilizar   to facilitate
agotar   to exhaust
agradecido   grateful
agrícola   agricultural
agroindustria (*f*)   agricultural industry
agropecuario   agricultural, farming
agua dulce (*f*)   fresh water
águila (*f*)   eagle
aguinaldo (*m*)   bonus
ahorrar   to save
ahorro (*m*)   savings
aislamiento (*m*)   insulation; isolation
ají (*m*)   chili pepper
ajuste (*m*)   adjustment
albañil (*m*)   bricklayer
alcance (*m*)   range
alcantarillado (*m*)   drains
alegar   to allege
alejado   far from
alfiler (*m*)   pin
algodón (*m*)   cotton
alimentación (*f*)   food
alimentario   food
alimentos (*m pl*)   foodstuffs

almacenamiento (*m*)   storage
almacenar   to store
almacén (*m*)   department store; warehouse
alojado (*m*)   located
alquiler (*m*)   rental
alta fidelidad (*f*)   high fidelity
alto directivo (*m*)   senior executive
altura (*f*)   altitude
ama de casa (*f*)   housewife
ambiente (*m*)   environment; room
ámbito (*m*)   context
amparo (*m*)   protection
ampliación (*f*)   expansion
analfabeto   illiterate
anchoveta (*f*)   anchovy
antedicho   aforesaid
anunciar   to advertise
anuncio (*m*)   advertisement
añadir   to add
apagar   to extinguish
aparato (*m*)   equipment; machine
aparición (*f*)   appearance
apio (*m*)   celery
aplicación (*f*)   spreading, application
apoyo (*m*)   support
aprobación (*f*)   approval
aprovechamiento (*m*)   exploitation; use, usage
aprovechar   to develop, exploit, to take
   advantage, make use of
apuntar   to take note
arancel (*m*)   tariff
arancelario   tariff
armador (*m*)   shipowner
arraigar   to settle
arrastre (*m*)   dispersal
arreglo (*m*)   arrangement
arriesgarse   to take risks
arrojar   to throw
arroyo (*m*)   stream
arroz (*m*)   rice
artesanía (*f*)   handicrafts
ascender   to promote
asesor (*m*)   adviser
      comisión asesora (*f*)   advisory committee
asesorar   to assess, advise
asesoría (*f*)   consultancy
aspersión (*f*)   spraying, sprinkling
asunto (*m*)   topic, matter
audición (*f*)   hearing
auge (*m*)   increase, boom
aula (*f*)   classroom
aumento (*m*)   increase
ausencia (*f*)   absence
auspicioso   promising
autoabastecimiento (*m*)   self-sufficiency
automotriz   automobile
autopista (*f*)   motorway
autorizar   to authorize
autoservicio (*m*)   self-service
avería (*f*)   breakdown
avioneta (*f*)   light aircraft
avisar   to inform
aviso (*m*)   notice
ayuda (*f*)   aid, help
azúcar (*m*)   sugar
azufre (*m*)   sulphur

B

bacalao (m)   cod
baja (f)   fall
balanza comercial (f)   trade balance
    balanza de pagos (f)   balance of
      payments
bálsamo de leche (m)   cold cream
bancario   bank
banco de datos (m)   data bank
banda sonora (f)   audio tape
barco pesquero (m)   fishing boat
barrera (f)   barrier
barrio (m)   neighbourhood
bastar   to suffice
basura (f)   rubbish
bebidas (f pl)   drinks
belleza (f)   beauty
beneficio (m)   profit, benefit
bienes (m pl)   goods
    bienes manufacturados (m pl)   manufactured goods
bienestar (m)   welfare
blindado   shielded, reinforced
bobina (f)   coil
boletín (m)   bulletin
bolsa (f)   stock exchange
bomba (f)   pump
bombero (m)   fireman
bonito (m)   tuna fish
bordear   to edge on
borrar   to erase
bosque (m)   forest
boya (f)   buoy
brindar una oportunidad   to provide an opportunity
buey (m)   ox
buque (m)   ship, boat
    buque cisterna (m)   tanker
    buque granelero (m)   bulk carrier
bursátil   stock exchange
buzo (m)   diver

C

c.i.f. (m)   cost insurance freight
cabra (f)   goat
cadena (f)   chain
caducidad (f)   expiry
caja (f)   box, case
    caja de ahorros (f)   savings bank
calamar (m)   squid
calidad (f)   quality
calificado   qualified
calzado (m)   footwear
cámara de comercio (f)   chamber of commerce
camaradería (f)   comradeship
camarón (m)   prawn
campaña publicitaria (f)   publicity campaign
canal (m)   channel
canasta (f)   basket, bonus
cancelable   payable (LA)
cancelación (f)   payment (LA)
caña (f)   sugar-cane
capacitación (f)   training
caparazón (m)   shell, casing
capítulo (m)   chapter; heading
caprichoso   capricious
captura (f)   catch
carburación (f)   exhaust system
carcomer   to gnaw at
carecer   to lack
carente   lacking
carga (f)   cargo
cargar   to load
cargo (m)   post, position
carrera (f)   career
carretera (f)   high road
carta (f)   letter
    carta de crédito (f)   letter of credit
casa (f)   house, firm
    casa matriz (f)   head office
cascabeleo (m)   pinking
casero   domestic

casilla postal (f)   post-box
cátedra (f)   university chair
celebrar   to take place
central (f)   plant (*building*)
    central eléctrica (f)   power-station
    central nuclear (f)   nuclear power-station
centro docente (m)   teaching centre
cercanía (f)   proximity
certeza (f)   certainty
cese (m)   dismissal, layoff
cierre (m)   wrapper
cifra (f)   figure
cinturón (m)   belt
    cinturón de circunvalación   bypass
    cinturón de miseria   shanty town
citación (f)   summons
cítricos (m pl)   citrus fruit
clave   key
cobrar   to settle an account; charge
cobre (m)   copper
cocina (f)   cooker; kitchen
coinversión (f)   joint investment
colilla (f)   cigarette end
colindante   adjacent
columna destiladora (f)   distilling column
    columna vertebral (f)   spine
combustible (m)   fuel
comercialización (f)   marketing
comerciante (mf)   trader
comercio exterior (m)   international trade
compadrazgo (m)   close family relationship
compañía (f)   company
competencia (f)   competition
competitividad (f)   competitiveness
complace: nos —   we are pleased
compra (f)   purchase
comprensión (f)   understanding
comprobante (m)   receipt
comprobar   to confirm
compromiso (m)   agreement; commitment
concepto (m)   heading, section
concesionario (m)   concessionaire
concienciar   to build awareness
concretizar   to arrange, be specific
concurso (m)   competition
conductor (m)   driver
confección (f)   clothing industry
confiar   to have confidence in
congelado   frozen
conjunto habitacional (m)   housing complex
conjunto: en —   jointly
conjurar   to plot, conspire
conocimiento (m)   bill of lading
consejo (m)   council
conservas (f pl)   tinned foods
constancia (f)   written evidence
consumidor (m)   consumer
consumir   to consume
consumo (m)   consumption
contabilizar   to enter (in the books)
contador (m)   accountant
contaduría (f)   accountancy
contenido (m)   content
contingencia (f)   hazard
contraproducente   counterproductive
contrarrestar   counteract
contratar   to contract
contratiempo (m)   setback, mishap
contrato (m)   contract
contribuyente (m)   taxpayer
control de calidad (m)   quality control
convenio (m)   agreement
convocatoria (f)   notice of meeting
coraje (m)   courage
cordón litoral (m)   coastal strip
correo (m)   mail
    correo certificado   registered mail
corriente: estar al —   to be informed, to know
cortafuegos (m)   firebreak
cosecha (f)   harvest

costa afuera (f)   offshore
coste (m)   cost (Spain)
    coste de producción (m)   production cost
costero   coastal
costo (m)   cost (LA)
costoso   expensive
coyuntura (f)   situation
creciente   growing
crecimiento (m)   growth
crediticio   credit
crema limpiadora (f)   cleansing cream
crudo (m)   crude oil
cuaderno (m)   handbook
cuantioso   extensive
cubierta (f)   cover, deck
cubierto   covered
cuenta (f)   bill, account
    por cuenta ajena   as an employee
    por cuenta propia   self-employed
cuero (m)   leather
culpabilidad (f)   guilt
cultivador (m)   grower
cultivo (m)   crop
cuota (f)   quota; share

CH
champú (m)   shampoo
chapa (f)   plate
chapuza (f)   odd job
chuleta (f)   chop

D
dañino   harmful
daño (m)   harm, damage
dar marcha atrás   to go back
datos (m pl)   data
decenio (m)   decade
decrecimiento (m)   decrease
decreto-ley (m)   decree-law
décuplo (m)   tenfold
dedicación completa (f)   full-time
    dedicación parcial (f)   part-time
    dedicación a tiempo parcial (f)   part-time
        employment
dedicarse a   to do (for a living)
delegación de hacienda (f)   tax office
delito (m)   offence
denominación (f)   naming, listing
denuncia (f)   complaint
deporte (m)   sport
derecho (m)   right
derechos (m pl)   rights
    derechos de aduana (m pl)   Customs duties
derrochar   to waste
desactualizado   out-of-date
desalentar   to discourage
desamparo (m)   helplessness, lack of protection
desarrollo (m)   development
descarado   shameless
descarga (f)   unloading; discharge
descenso (m)   drop
desconocido   unknown
descubrir   to discover
desdoblamiento (m)   diversion
desechos (m pl)   waste, residue
desembarco (m)   disembarkation
desenvolverse   to develop
desglosar   to list
desgravación de impuestos (f)   tax deduction
desmentir   to deny
desodorante (m)   deodorant
despacho (m)   office
despegar   to take off
despejado   clear
desperdiciar   to waste
desperdicios (m pl)   waste
despido (m)   laying-off; sacking
despojar   to deprive
desquiciar   to disrupt
destacar   to stand out
destinatario (m)   addressee

desventaja (f)   disadvantage
desviar   to divert
detallar   to specify
detalle (m)   detail; retail
deuda (f)   debt
deudor (m)   debtor
diagnóstico (m)   diagnosis
dibujo (m)   drawing
didáctico   educational
diligencia (f)   inquiry (legal)
dióxido de carbono (m)   carbon dioxide
dirección (f)   address
directivo (m)   management staff
    alto directivo (m)   executive
directriz (f)   guideline
discurso (m)   speech
discutir   to discuss, argue
diseñador (m)   designer
diseño (m)   design
disminución (f)   cutback, reduction, decrease
disparar   to take off
disponer de   to have available
disponible   available
disposición (f)   availability
    cumplir una disposición to carry out
        instructions
divertido   amusing
divisas (f pl)   foreign exchange
documentación (f)   documents
droga (f)   drug
duda (f)doubt
duradero   long-term

E
ecodetección (f)   sonar
efectivo (m)   cash
ejecutar   to carry out
ejemplar (m)   specimen
    inspección ejemplar (f)   spot check
ejercer   to carry out
ejercicio (m)   exercise
    ejercicio fiscal (m)   financial year
elaboración (f)   manufacture
elaborar   to create
electrodomésticos (m pl) household appliances
elevado   high
embarcación (f)   vessel
    embarcación pesquera (f)   fishing boat
embarque (m)   embarkation
embellecedor (m)   beautifying product
emisión (f)   leakage
emitir   to issue
empaquetado (m)   packaging
empaquetaje (m)   packaging
empeñar   to be determined
empeñarse en   to make every effort
empleado (m)   employee
empleo (m)   employment
emprender   to undertake, carry out
empresa (f)   company
empresario (m)   businessman, industrialist
encargado de   responsible for
enchufe (m)   friends in the right places, influence
encuesta (f)   survey
endeudamiento (m)   indebtedness
enfermedad (f)   disease
enfoque (m)   focus, approach
enfriador (m)   cooling circuit
engaño (m)   trick, fraud
engrase (m)   lubrication
enlace (m)   link
enseñanza (f)   teaching
enseres (m pl)   goods
entidad (f)   organisation, body
entorpecido   hindered, obstructed
entrampado   muddled, loaded with debts
entrañar   to entail
entrar en vigor   to come into effect
entregar   to deliver
entremeses (m pl)   hors d'oeuvres
entrenamiento (m)   training

entretenimiento (*m*)   entertainment
envase (*m*)   container, packaging
envío (*m*)   despatch
envoltura (*f*)   wrapping
equilibrar   to balance
equilibrio (*m*)   balance
equis cantidad (*f*)   x number
equitativo   fair, balanced
equivocación (*f*)   error
equivocado   wrong
ergonomía (*f*)   ergonomics
escala (*f*)   scale
        a gran escala   large scale
escasear   to run short
escasez (*f*)   shortage
escaso   slight
escoger   to choose
escolar (*m/adj*)   student
escrito: por —   in writing
escritor (*m*)   writer
esfera (*f*)   sphere
esforzarse por   to make an effort
esfuerzo (*m*)   effort
esparcimiento (*m*)   entertainment
especie (*f*)   species
especificar   to specify
espectáculo (*m*)   show
espectro (*m*)   spectrum
espesor (*m*)   thickness
espuma (*f*)   foam
esquema (*m*)   scheme
establecimiento (*m*)   establishment
estacionamiento (*m*)   car-park; parking
estadística (*f*)   statistics
estado (*m*)   state
        estado civil (*m*)   marital status
Estados Unidos/EE UU (*m pl*)   United States
estadounidense   American
estallar   to break out
estancia (*f*)   residence
estándar   standard
estantería (*f*)   shelving
estática (*f*)   static
estorbar   to hinder
estropear   to break down
estudio de mercado (*m*)   market study
        estudios secundarios (*m pl*)   secondary school
        education
etapa (*f*)   stage
etiqueta (*f*)   label
etiquetado (*m*)   labelling
evadir   to avoid, evade
evasión ilegal (*f*)   tax evasion
        evasión legal (*f*)   tax avoidance
evitar   to avoid
excedente (*m*)   surplus
exento   exempt
exigencia (*f*)   demand
exigir   to require, demand
expatriado (*m*)   expatriate
expedición (*f*)   issuing
expedir   to send, issue
explotar   to exploit; explode
exportador (*m*)   exporter
exposición (*f*)   exposure; exhibition
exterior (*m*)   overseas
extranjero (*m*)   foreigner

F
f.o.b. (*m*)   free on board
fábrica (*f*)   factory
fabricación (*f*)   manufacturing
fabricante (*m*)   manufacturer
fabricar   to manufacture
fachada (*f*)   façade
facilitar   to expedite
factura (*f*)   invoice
facultad (*f*)   faculty
Faja Petrolífera (*f*)   Tar Belt
falsificador (*m*)   forger
falta (*f*)   lack, need

familiar   family
farmacéutico (*m*)   chemist
faros (*m pl*)   headlights
fauna de acompañamiento   other collected species
favor: a — de   payable to
fecha (*f*)   date
feriado   holiday
fibra de vidrio (*f*)   glass fibre
fidedigno   worthy
fideicomiso (*m*)   trust organisation
fiestas patrias (*f pl*)   Independence Day
filial (*f*)   subsidiary
filtro (*m*)   filter
fin (*m*)   end; aim
        a fin de cuentas   after all
financiación (*f*)   financing
firmar   to sign
fiscalmente blando   tax haven
físico (*m*)   physicist
flete (*m*)   freight, cargo
florecer   to flourish
flota (*f*)   fleet
        flota mercante (*f*)   merchant navy
fluir   to flow
fluvial   river
folleto (*m*)   leaflet
fomentar   to encourage
fondo (*m*)   fund; background
        fondos de reserva (*m*)   reserve funds
formación (*f*)   training
forro (*m*)   stuffing
fortalecer   to reinforce, strengthen
fortuito   unexpected
fraccionar   to divide, split
frasco (*m*)   perfume bottle
fraude (*m*)   fraud
frigorífico (*m*)   refrigerator
fruta blanda (*f*)   soft fruits
frutería (*f*)   greengrocer's shop
fuente (*f*)   source
fuga (*f*)   escape, leak
fumigante   fumigating
funcionamiento (*m*)   operation
funcionario (*m*)   public employee, civil servant, official
fundar   to found

G
gama de productos (*f*)   range of products
ganadero (*m*)   cattle rancher
ganancias (*f pl*)   profits
ganar   to earn
ganas: con—   willingly
garantizar   to guarantee
gaseosa (*f*)   soft drink
gasohol (*m*)   biomass fuel
gasto (*m*)   outlay, spending
gastos (*m pl*)   expenses
        gastos de funcionamiento   running costs
        gastos fijos   fixed costs
generar   to generate
gerencia (*f*)   management
gerencial   management
gerente (*m*)   manager
gestión (*f*)   management
giro postal (*m*)   postal order
goma (*f*)   gum
gozar de   to enjoy
grabar   to record
grado (*m*)   degree
        en sumo grado   to a great extent
granel: a—   in bulk
granja (*f*)   farm
gravamen (*m*)   tax, duty
gremio (*m*)   trade union
grueso (*m*)   bulk
guardería infantil (*f*)   crèche
gubernamental   governmental
guía (*f*)   guide, directory

H
hacer hincapié   to stress
hacer la competencia   to compete
Hacienda (f)   Exchequer; Inland Revenue
hacienda (f)   farm
hambre (m)   hunger
harina de pescado (f)   fishmeal
hélice (f)   propeller
herido (m/adj)   injured
herramientas (f pl) tools
hierro (m)   iron
hogar (m)   home
hoguera (f)   bonfire
hoja (f)   leaf; sheet of paper
horario (m)   timetable, working hours
       horario flexible (m)   flexitime
horas punta (f pl)   peak hours
hormigón (m)   reinforced concrete
hornillo (m)   oven
hortaliza (f)   vegetable
hortofrutícola   horticultural
hostelería (f)   hotel management
huelga (f)   strike
       levantar la huelga   to call off a strike
       romper la huelga   to break a strike
huerto (m)   market garden
humectante (m)   moisturiser

I
igualación (f)   levelling
iluminación (f)   lighting
implicado   involved
importación (f)   import
imprenta (f)   printing
impreso (m/adj)   printed matter
impuesto (m)   tax
incapacidad (f)   disability
incendio (m)   fire
incertidumbre (f)   uncertainty
inconveniente (m)   drawback
incrementar   to increase
indemnización (f)   compensation
índice (m)   index; incidence
indicio (m)   evidence
inducir a   to lead to
industria del ocio (f)   leisure industry
ineludible   unavoidable
informatización (f)   going on-line
informática (f)   information science
informe (m)   report
ingeniero (m)   engineer
ingreso (m)   entrance, admission
ingresos (m pl)   income
inmediaciones (f pl)   locality
inmueble (m)   property
inquietante   worrying
inquietarse   to worry
insecticida (m)   insecticide
insigne   renowned
insólito   unusual, out of the ordinary
insuperable   unbeatable
intercambiador (m)   exchanger
intercambio (m)   exchange
intermediario (m)   middleman
internarse   to become resident
inundación (f)   flood
invernadero (m)   greenhouse
inversión (f)   investment
inversor (m)   investor
invertir   to invest
investigación (f)   research
investigador (m)   researcher
involucrado   involved

J
jabón (m)   soap
jornada (f)   day
       jornada laboral (f)   working week/hours
juego (m)   game
jugar un papel   to play a role

juicio (m)   lawsuit
junta directiva (f)   board of directors
juvenil   young
juzgar   to judge, deem

L
laboral   work
ladera (f)   hillside
lanzamiento (m)   launching
latifundio (m)   large farm
lavado (m)   car-wash
leña (f)   firewood
levantar   to raise
ley (f)   law
licenciataria (f)   concessionaire
ligero   light (of weight)
lija (f)   sandpaper
lince (m)   lynx
línea (f)   line
       línea belleza (f)   cosmetics line
liquidez (f)   cash flow
lista de empaque (f)   bill of lading
localidad (f)   location, place
localizar   to locate
lograr   to succeed in
lujo (m)   luxury
lustro (m)   5-year period
luz (f)   light

LL
llave (f)   key; spanner
       llave inglesa (f)   adjustable spanner
llenar   to fill

M
madera (f)   wood, timber
madurar   to mature
maestría (f)   master's degree
magnetófono (m)   tape-recorder
maleza (f)   weed
manantial (m)   spring (water)
manejar   to operate, drive (LA)
manejo, de fácil—   user-friendly
manguera (f)   hose
manija (f)   handle
manómetro (m)   pressure gauge
manufacturero   manufacturing
manutención (f)   maintenance
maquiladora (f)   screwdriver factory
maquillaje (m)   make-up
maquinaria (f)   machinery
marca (f)   brand, trade mark
marciano (m)   Space Invader
marco (m)   framework
mariscos (m pl)   shellfish
marismas (f pl)   marshland
mascar   to chew
materia (f)   subject
       materia prima (f)   raw material
       materias manufacturadas (f pl)   manufactured
       products
matorral (m)   scrub
mayorista (m)   wholesaler
mecanografía (f)   typing
media (f)   average
mediante   via
medida (f)   measure
       tomar medidas   to take measures
medida: a — que   as
medio   medium
       medio ambiente (m)   environment
       medios de producción (m pl)   means of production
medir   to measure
mejora (f)   improvement
mejoramiento (m)   improvement
menester: es—   it is necessary
mercado (m)   market
       Mercado Común (m)   Common Market
mercadotecnia (f)   marketing
mercancía (f)   merchandise

merluza (f)   hake
meta (f)   goal, objective
mezcla (f)   mixture
mezclar   mix
milanesa (f)   escalope
minifundio (m)   smallholding
Ministerio de Sanidad (m)   Health Ministry
misiva (f)   letter
mobiliario (m)   household furniture
moda (f)   fashion
monocultivo (m)   monoculture
monóxido de carbono (m)   carbon monoxide
monte (m)   woodland
mueble (m)   furniture
muelle (m)   quay
muestra (f)   sample
muestreo (m)   sampling
multa (f)   fine

N
naturaleza (f)   nature
nave especial (f)   spaceship
navegar   to sail, navigate
navideño   Christmas
negocio (m)   business
neto   net; exclusive
nivel (m)   level
        nivel de vida (m)   standard of living
nombramiento (m)   appointment
nominal (m)   face value
notariado   certified
notario (m)   notary, special lawyer
noticia (f)   news
nómina (f)   payroll
nube (f)   cloud
núcleo (m)   core

O
objeto: con — de   in order to
obra (f)   work
obrar un milagro   to work a miracle
obras (f pl)   works
obrero (m)   worker
obsequiar   to present
oceanografía (f)   oceanography
ocio (m)   leisure
ocultar   to hide
oferta (f)   offer
        oferta y demanda (f)   supply and demand
oficinista (m)   office worker
ojalá   I hope so, let's hope so
olvidar   to forget
ONCE   Organización nacional de ciegos de España
onda (f)   wave
orden: del — de   around
ordenador (m)   computer
ordenanza (f)   regulation
orejera (f)   earpad
organismo (m)   organisation
ornato (m)   decoration
otorgamiento (m)   authorisation
otorgar   to authorise, grant
oveja (f)   sheep

P
padrino (m)   godfather
pago (m)   payment
Países Bajos (m pl)   Netherlands
paja (f)   straw
paladar (m)   palate
pantalla (f)   screen
pantano (m)   marsh
papelería (f)   stationer's shop
paquete (m)   package
paradójico   paradoxical
parafuego (m)   firebreak
paro (m)   unemployment; stoppage
particular (m/adj)   private, individual
partida (f)   certificate
pasar de moda   to go out of date

pastillas de uranio (f pl)   uranium rods
pastos (m pl)   grazing land, pasture
patente (f)   licence
pato(m)   duck
patria (f)   fatherland, country
patrimonio (m)   heritage
patronal   managerial
patrón (m)   boss
páramo (m)   wilderness
pedido (m)   order
pedir   to request
pegatina (f)   sticker
pelar   to peel
peligroso   dangerous
pepino (m)   cucumber
pepita (f)   pip
pérdida (f)   loss
perecedero   perishable
perforación (f)   drilling
perito (m)   expert
perjudicar   to harm
perjuicio (m)   prejudice
permiso (m)   permit
personal (m)   personnel, staff
perteneciente a   belonging to
pertenencia (f)   possession, ownership
pertinente   relevant
pesca (f)   fishing
        pesca de gran altura   deep-sea fishing
pescador (m)   fisherman
peso (m)   weight
        peso grueso (m)   gross weight
        peso neto (m)   net weight
pesquería (f)   fisheries
pesquero   fishing
petición (f)   request
petroquímicos (m pl)   petrochemicals
petróleo (m)   oil
pez (m)   fish
pez espada (m)   swordfish
piel (f)   skin
pieza de recambio (f)   spare part
pimiento (m)   pepper
piscicultura (f)   fish-farming
pisotear   to trample over
placentero   pleasing
plaga (f)   pest
plan de estudios (m)   syllabus
plancha (f)   sheet; iron
planificación (f)   planning
planta empacadora (f)   packaging plant
planteamiento (m)   proposal
plantear   to pose, present
plantilla (f)   production plant
plata (f)   silver
platino (m)   platinum
plazo (m)   fixed period
plazo (m)   period, term
        a corto plazo   short term
        a largo plazo   long term
        a mediano plazo   mid term
pliegue (m)   fold
plomo (m)   lead
pluriempleo (m)   moonlighting
población activa (f)   working population
poblacional   population
poder (m)   power
        poder adquisitivo   purchasing power
política (f)   policy
póliza (f)   insurance policy
poner en marcha   to start
por si acaso   just in case
portuario   harbour
porvenir (m)   future
potencia (f)   power; yield
pozo (m)   well
pradera (f)   field
precipitación (f)   rainfall
precisar   to require
premio (m)   prize
prensa (f)   press

prescrito   prescribed
presencia: buena—   smart appearance
prestación (*f*)   loan
préstamo (*m*)   loan
presunto   supposed
presupuesto (*m*)   budget; estimate
pretender   to intend
prever   to foresee
previsión (*f*)   planning, forecast
prima (*f*)   premium
procedente de   coming from
proceder   to depart
procedimiento (*m*)   procedure
procesador de textos (*m*)   word processor
procesamiento (*m*)   processing
      procesamiento de datos (*m*)   data processing
Procurador de la República (*m*)   State Attorney
productor (*m*)   producer
programación (*f*)   planning
promedio   average
promesa (*f*)   promise
prometedor   promising
promocionar   to promote
propicio   favourable
propietario (*m*)   owner
propuesta (*f*)   proposal
prorrogable   renewable
proteger   to protect
proyecho: en — mutuo   to our mutual advantage
provechoso   beneficial
proveedor (*m/adj*)   supplier/supplying
proveer   to supply
provenir   to stem from
proyecto (*m*)   project
      proyecto de ley   law bill
prueba (*f*)   proof; test
pureza (*f*)   purity

Q
queja (*f*)   complaint
quemar   to burn
queso (*m*)   cheese
química (*f*)   chemistry
quinielas (*f pl*)   football pools

R
radicarse   to be located
ráfaga (*f*)   gust, flash, burst
ramo (*m*)   branch
rastrojos (*m pl*)   stubble
rayo (*m*)   stroke of lightning
razón (*f*)   reason
      razón social (*f*)   company
realizar   to carry out
realizar un esfuerzo   to make an effort
rebaja (*f*)   cut
rebajar   to reduce
rebozo (*m*)   shawl
recargo (*m*)   surcharge
recaudación de tributos (*f*)   tax collecting
rechazar   to reject
reciclaje (*m*)   recycling
reclamación (*f*)   complaint
reclamo (*m*)   claim
reclutamiento (*m*)   recruitment
recoger   to collect
recompensar   to reward
recorrido (*m*)   route
recreo (*m*)   recreation
recuperación (*f*)   recycling; recovery
recurrir a   to resort to
recurso (*m*)   resource
red (*f*)   network
refiere: en lo que se — a   as regards, regarding
regadío (*m*)   irrigation
regir   to control
regirse por   to be governed by
registrarse   to be registered
reglamentar   to regulate
reglamentos (*m pl*)   regulations

remitir   to send
remolacha azucarera (*f*)   sugar-beet
remolcar   to tow
remuneración (*f*)   salary
rendimiento (*m*)   yield
renglón (*m*)   item of expenditure
renta (*f*)   rent; income; yield
rentable   profitable
reo (*m*)   guilty person
reparación (*f*)   repair
repostar   to refuel
represa (*f*)   dam
requisito (*m*)   requirement
res (*f*)   head of beef; steer
resaltar   to stand out, point out
rescindir   to withdraw
respaldo (*m*)   backing
respuesta (*f*)   response
restringir   to restrict
reticencia (*f*)   omission
reto (*m*)   challenge
retocar   to alter
reunión (*f*)   meeting
revestimiento (*m*)   cladding
riego (*m*)   irrigation
riesgo (*m*)   risk
rodear   to surround
rogar   to request
rúbrica (*f*)   signature
ruido (*m*)   noise
ruidoso   noisy

S
sabor (*m*)   taste; flavour
sabotaje (*m*)   sabotage
sala (*f*)   room
      sala de embotellamiento (*f*)   bottling plant
salado   saline
saldo (*m*)   balance (*fin.*)
saltar   to explode; jump
salvamento (*m*)   rescue; salvage
sanidad (*f*)   health
sanmargarino (*m/adj*)   inhabitant of the (fictitious)
   Republic of Santa Margarita
satisfacer   to satisfy
savia (*f*)   sap
secapelos (*m*)   hair-dryer
sede de gobierno (*f*)   seat of government
seguir   to follow
seguridad (*f*)   security
seguro (*m*)   insurance; safety catch
sembrar   to sow
semejante   similar
semestral   half-yearly
sensibilidad (*f*)   sensitivity
sentido (*m*)   sense
      sentido del humor (*m*)   sense of humour
señalar   to indicate
serpentín (*m*)   coil
servicial   helpful
siembra (*f*)   seeding
silvestre   wild (plants, etc.)
silvicultura (*f*)   forestry
sindicato (*m*)   union
síntoma (*m*)   symptom
sísmico   seismic
sobresaliente   outstanding
sobrevivir   to survive
socio (*m*)   member, partner
solicitar   to request
solicitud (*f*)   application
soltar   to release
sondeo (*m*)   sounding; survey
sonido (*m*)   sound
sorgo (*m*)   sorghum
sorprendente   surprising
sospechar   to suspect
subasta (*f*)   auction
subdesarrollo (*m*)   underdevelopment
subempleo (*m*)   underemployment

subida (f)   increase
subrayar   to underline
subsidio (m)   subsidy
subsuelo (m)   subsoil
sucesivo: en lo —   in future
sucre (m)   Ecuadorian currency
sucursal (f)   branch
sueldo (m)   salary
suero (m)   serum
sumarse   to be added
suministrador (m)   supplier
suministrar   to supply
superación (f)   improvement
superar   to exceed; overcome
superficie (f)   area, surface
    superficie terrestre   earth's surface
supuesto (m)   supposition
surgir   to come up
surtidor (m)   supplier
surtir   to supply

T
taladro (m)   drill
taller (m)   workshop
talón (m)   cheque
    talón cruzado (m)   crossed cheque
tamaño (m)   size
tanque (m)   tank
tapón (m)   plug
tarea (f)   task
tasa (f)   rate
té de demostración (m)   home selling
técnica (f)   technique
técnico (m)   technician
tecnología (f)   technology
telemática   on-line information
televisor (m)   TV set
témpano (m)   iceberg
templado   temperate
temporada de vacaciones (f)   holiday period
tenencia de la tierra (f)   landholding
tener noticia de   to note
    tener tacto   to be tactful
tenga a bien   be kind enough to, kindly
tercermundista   third-world
terceros (m pl)   third party
térmico   thermal
término (m)   terms
ternera (f)   veal
terremoto (m)   earthquake
terreno (m)   land, field, plot
tiburón (m)   shark
tiempo parcial   part-time
tienda (f)   shop
título (m)   qualification
    título universitario (m)   university degree
tocadiscos (m)   record-player
tonelada (f)   ton
tormenta (f)   storm
tostador (m)   toaster
totalizar   to total
trabajador (m)   worker
trabajo (m)   work, labour
    trabajo de campo (m)   field work

tramitación (f)   processing
transformación (f)   processing
trasladar   to transfer
trasladarse   to move
traslado (m)   transfer
trato (m)   treatment
trayectoria (f)   trajectory
trámite (m)   process
tránsito (m)   traffic
    tránsito vial (m)   road traffic
trimestral   quarterly
tripulación (f)   crew
tropezar con   to come across
truco (m)   trick
tubería (f)   piping
turno (m)   shift

U
ubicación (f)   location
ubicar   to place
ultrabajo   very low
ultramar   overseas
urbanización (f)   housing develpoment
usado   second-hand
usuario (m)   user
usufructo (m)   use
usufructuario (m)   beneficiary

V
vacío (m)   vacuum
vaguada (f)   gully
valer   to be worth
valor (m)   value
    valor agregado (m)   value added
    valor de compra (m)   purchase value
valorar   to evaluate
valores (m pl)   stocks
válvula (f)   valve
vapor (m)   steam; steamer
vencer   to be due, expire
venta (f)   sale
ventaja (f)   advantage
ventas (f pl)   sales
verdura (f)   vegetable
vereda (f)   pavement
vertiente (f)   slope
vestido (m)   clothing
vía (f)   route
    por — marítima   by sea
viáticos (m pl)   travelling expenses
vidrio (m)   glass
vigente   current, in force
virtud, en — de que   due to (the fact that)
viso (m)   appearance
vivienda (f)   house, housing
voluntad (f)   will

Y
yacimiento (m)   mineral deposit
yoduro de plata (m)   silver iodide

Z
zona franca (f)   free zone